www.ingramcontent.com/pod-product-compliance
Lightning Source LLC
LaVergne TN
LVHW010822051026
849532LV00007B/2600
9789369083992

حیدرآباد دکن:

تاریخ کے جھروکے سے

(علمی و تحقیقی مضامین)

مرتبہ:

مکرم نیاز

Hyderabad Deccan: Taariikh ke jharoke se (Essays)

by: Mukarram Niyaz

Edition: January '2026

Publisher :

Taemeer Publications LLC (Michigan, USA / Hyderabad, India)

ISBN 978-93-6908-399-2

کتاب	:	**حیدرآباد دکن: تاریخ کے جھروکے سے**
مرتب	:	**مکرم نیاز**
بہ تعاون	:	سیاست ڈاٹ کام ویب سائٹ
صنف	:	تحقیق و تنقید
ناشر	:	تعمیر پبلی کیشنز (حیدرآباد، انڈیا)
سالِ اشاعت	:	۲۰۲۶ء
صفحات	:	۱۱۴
سرورق ڈیزائن	:	تعمیر ویب ڈیزائن

فہرست

پیش لفظ

حیدرآباد دکن برصغیر کی تاریخ اور تہذیب کا وہ قدیم اور معتبر حوالہ ہے جس کے در و دیوار پر سلطنتوں کے عروج و زوال، مذاہب کی آمد و رفت اور زبانوں کی آمیزش کی گواہیاں ثبت ہیں۔ گولکنڈہ کے قلعے سے لے کر چارمینار کے سائے تک، درگاہوں، خانقاہوں، مندروں اور گرجاؤں کی صف میں بکھرے ہوئے مینار اور گنبد اس شہر کے مزاج کی ہمہ رنگی کو ظاہر کرتے ہیں کہ یہاں اقتدار کی نسبت انسانیت، علم، رواداری اور وضع داری کو ہمیشہ فوقیت دی گئی۔ قطب شاہی اور آصف جاہی ادوار نے ایک طرف شاندار عمارات، باغات، پلوں، بازاروں اور تعلیمی اداروں کا جال بچھایا، تو دوسری طرف اردو، فارسی، تلگو اور دیگر زبانوں کو ایسا ہم آہنگ ماحول بخشا جس سے گنگا جمنی تہذیب کی ایک منفرد شکل وجود میں آئی۔ یہاں کے شعرا و ادبا ہوں یا سیاسی قائدین، اصلاح کار ہوں یا عوامی کارکن، سب کے ہاں حیدرآباد محض ایک شہر نہیں بلکہ ایک اخلاقی اور فکری رویّے کا نام ہے، جس کی بنیاد میں مشترکہ وراثت، سماجی عدل اور احترامِ آدمیت کا احساس پیوست ہے۔ اسی شعور نے اس شہر کو اس قابل بنایا کہ وہ نوآبادیاتی سیاست، فرقہ وارانہ کشمکش اور جدید شہری تمدن کے دباؤ کے باوجود اپنے اندر سے ایسی شخصیتیں پیدا کرتا رہے جو

زمانے کی آنکھ میں آنکھ ڈال کر بات بھی کریں اور اپنے مزاج کی نرم دلی بھی نہ کھوئیں۔ "حیدرآباد دکن: تاریخ کے جھروکے سے" اسی زندہ روایت کا ایک فکری سفر ہے، جس میں شہر کے گیارہ نمایاں کرداروں کے ذریعے دراصل خود حیدرآباد کے باطن کو دیکھا اور سمجھا گیا ہے۔

یہ کتاب ایس بسواراج جیسے عوامی رہنما سے آغاز کرتی ہے جو نصف صدی سے زیادہ عرصہ امن، سیکولر ہم آہنگی اور مظلوم طبقات کے حقوق کے لئے سرگرم رہے؛ ان کی زندگی حیدرآباد کی مشترکہ تہذیب اور بے لوث عوامی خدمت کا چلتا پھرتا استعارہ بن کر سامنے آتی ہے۔ دوسرے مضمون میں سی ایچ راجیشور راؤ کی سرگزشت کے بہانے اردو زبان، مشترکہ تعلیمی فضا اور عثمانیہ یونیورسٹی کے سیاسی و فکری ماحول کا نقشہ کھینچا گیا ہے، جہاں ہندو اور مسلمان طلبہ نے ایک ساتھ آزادی، جمہوریت اور طبقاتی انصاف کے خواب دیکھے۔ تیسرے مضمون میں بُورگل نرسنگ راؤ کے آئینے سے تلنگانہ کے دیہاتی سماج، جاگیرداری ڈھانچے، آندھرا مہاسبھا، کانگریسی و کمیونسٹ تحریکوں اور حیدرآباد کی شہری سیاست کے جڑواں رشتوں کو اجاگر کیا گیا ہے۔

آگے چل کر ڈاکٹر ایچ راجندر پرساد کی علمی و اداری زندگی کے حوالے سے ریاستی آرکائیوز، آصف جاہی فرامین اور عثمانیہ یونیورسٹی کے قیام جیسے اہم ابواب سامنے آتے ہیں، جب کہ ڈاکٹر ڈی راجہ ریڈی کے ذریعے عثمانیہ و نظامی طبی اداروں، عوامی صحت، سرجری اور حیدرآباد کے سکّہ جاتی، سماجی اور علمی ورثے پر روشنی پڑتی

ہے۔ وِسنت کمار باوا اور وید اکمار جیسے آرکائیوز اور شہری ورثے کے نگہبان مصنفین حیدرآباد کی ہیرٹیج عمارات، شہری منصوبہ بندی، میٹرو اور جدید ترقی کے درمیان تنازعہ اور حفاظتی شعور کو زیر بحث لاتے ہیں، جبکہ دیگر مضامین میں نیشنلسٹ مسلمانوں، ترقی پسند ادبا، مدیرانِ صحافت اور اساتذہ کے ایسے روشن کردار سامنے آتے ہیں جنہوں نے اپنی ذاتی زندگی، سماجی جدوجہد اور فکری دیانت سے اس شہر کو معنویت بخشی۔

یوں گیارہ شخصیات کے انفرادی خاکوں سے مل کر حیدرآباد دکن کی اجتماعی تصویر ابھرتی ہے، جو قاری کو تاریخ کے جھروکے سے ماضی کی روشنی میں حال اور مستقبل کو دیکھنے کی دعوت دیتی ہے۔

ا

بسواراج: امن کا لیڈر

محمد ریاض احمد

وہ زندگی بھر امن امن کی رٹ لگاتا رہا، لوگوں کو اس بات کی ترغیب دیتا رہا کہ لڑائی جھگڑوں اور تشدد میں کسی کا کوئی فائدہ نہیں بلکہ یہ ایسی بیماریاں ہیں جو معاشرہ کو مکمل طور پر کھوکھلا کر دیتی ہیں۔ امن کا پیغام پھیلانے اور معاشرہ کو فرقہ پرستی سے پاک رکھنے کیلئے اپنی ساری زندگی وقف کر دینے کے باوجود اس شخص کے پاس کوئی بنگلہ ہے نہ گاڑی بلکہ وہ کرایہ کے ایک مخدوش مکان میں بڑی شان سے مقیم ہے۔ اسے اس بات کا اطمینان ہے کہ اس نے ساری زندگی سماج کے محروم و کمزور طبقات، کسانوں اور مظلوم اقلیتوں کے حق کیلئے جدوجہد کی۔ ان کی دعائیں ہی اس کا اثاثہ ہیں۔ قارئین۔۔۔ آپ سوچ رہے ہوں گے کہ آخر یہ شخص کون ہے جو اتنے کارناموں کے باوجود گوشہ گمنامی میں اپنی زندگی کے آخری دن کاٹ رہا ہے۔ ہم آپ کو بتاتے ہیں کہ یہ حیدرآباد کے مشہور عوامی خدمت گذار اور بزرگ کمیونسٹ قائد ایس بسواراج ہیں۔ انصاف پسندی، حق گوئی و بیباکی، مظلوم کی مدد، ظالم کی مخالفت اور غیر سماجی عناصر کو سماجی عناصر یا جہد کار بنانے میں ان کے کردار کو دیکھتے

ہوئے انہیں حیدرآبادی تہذیب کی نمائندہ شخصیت کہا جاسکتا ہے۔ ظہیر آباد کے ایک چھوٹے سے موضع میں شری گنڈپا کے گھر ۱۹۳۵ء میں پیدا ہوئے۔ بسواراج حیدرآباد دکن کے سب سے قدیم پرانا پل کی ایک جانب واقع تاریخی مسجد میاں مشک کے قریب رہتے ہیں۔ ویسے بھی پرانا پل، مستعد پورہ، ٹپہ چبوترہ اور کاروان ایسے علاقے ہیں جو کبھی شاہانہ جاہ و جلال کے لئے شہرت رکھتے تھے۔

سلطان ابراہیم قلی قطب شاہ کی جانب سے تعمیر کردہ پرانا پل کے آس پاس کئی تاریخی اور اہم و انقلابی شخصیتوں نے جنم لیا یا پھر وہاں قیام کیا ہے شاید اسی لئے اس علاقہ کو جانبازوں کی سرزمین کہا جاتا ہے۔ ۷۹ سالہ بسواراج کے مطابق حیدرآباد اولیاء اللہ کی سرزمین ہے جہاں درگاہیں، خانقاہیں آج بھی مرجع خلائق بنی ہوئی ہیں۔ حیدرآبادی تہذیب سے متعلق وہ کہتے ہیں "حیدرآباد ہمیشہ سے ہی محبت و مروت اور امن و امان کا گہوارہ رہا ہے۔ اس تاریخی شہر کی تہذیب دنیا کے کسی بھی مقام پر نہیں ملے گی۔ حیدرآباد جو کل تھا سلسلہ کے تحت حیدرآبادی تہذیب کی نمائندہ شخصیتوں سے بات چیت کا جو سلسلہ شروع کیا گیا ہے اس کی ایک کڑی کے طور پر ہم نے جناب ایس بسواراج سے ملاقات کی جنہوں نے ضعیف العمری کے باوجود حیدرآبادی تہذیب، ہندو مسلم اتحاد، فرقہ پرستوں کی مفسدانہ حرکتوں اور موجودہ دور میں امن کی ضرورت پر تفصیل سے روشنی ڈالی۔ واضح رہے کہ بسواراج کو کاروان میں امن کا لیڈر کہا جاتا ہے۔ وہ گذشتہ ۵۰ دہوں سے عوام کی بے لوث خدمت میں مصروف ہیں۔ عوامی خدمت کے بارے میں سوال پر بسواراج کچھ دیر خاموش رہے۔ ان کی خاموشی سے ایسا لگ رہا تھا کہ وہ ماضی کو ٹٹول رہے ہیں۔

بہرحال کچھ دیر میں ہی انہوں نے سکوت کو توڑتے ہوئے کہا، حیدرآباد میں عبدالستار کا قتل ہوا تھا۔ اس قتل سے ان کے دل پر ایسا اثر ہوا کہ تب ہی سے زندگی بھر امن کیلئے کام کرنے کا عہد کرلیا۔ اس کام میں انہیں مخدوم محی الدین، راج بہادر گوڑ، بدری وشال پٹی، کنا بیرن، جناب عابد علی خان اور جناب محبوب حسین جگر کی رہنمائی حاصل رہی جبکہ موجودہ ریاستی وزیر داخلہ این نرسمہا ریڈی بھی سیکولرازم کے استحکام اور غریبوں وکسانوں کے حق میں ان کی ہر مہم کی تائید و حمایت کرتے رہے۔ بسواراج کے مطابق مخدوم محی الدین اور راج بہادر گوڑ جیسی شخصیتوں کے باعث ہی انہیں انسانیت کو سیکھنے کا موقع ملا۔ بسواراج نے جو فی الوقت بستر علالت پر دراز ہیں،

مزید بتایا "حیدرآباد میں ہمیشہ ہندوؤں اور مسلمانوں میں محبت رہی حالانکہ فرقہ پرستوں اور مفادات حاصلہ نے ان میں تفرقہ ڈالنے کی کوششیں کیں۔ کل کے حیدرآباد کی سب سے اہم خوبی یہ تھی کہ لوگ بلالحاظ مذہب وملت عید و تہوار مل جل کر منایا کرتے تھے۔ ایک دوسرے کی خوشی و غم میں شریک ہونا فرض سمجھا جاتا تھا۔ ایک معمولی حادثہ بھی پیش آتا تو لوگ یہ نہیں دیکھتے کہ متاثرہ شخص ہندو ہے یا مسلمان بلکہ فوری اس کی مدد کو دوڑ پڑتے۔ اللہ کا شکر ہے کہ حیدرآبادیوں کا یہ جذبہ ہمدردی آج بھی قائم ہے لیکن جس طرح وبائی امراض تیزی سے پھیلتے ہیں اسی طرح فرقہ پرست طاقتیں مذہب کے نام پر عوام کو تقسیم کرتے ہوئے اپنے حقیر سیاسی مفادات حاصل کرنے میں مصروف ہوگئی ہیں اور آج اس کے اثرات محسوس کئے جارہے ہیں۔ ماضی میں فرقہ وارانہ ہم آہنگی سے متعلق ایک سوال پر

بسواراج نے بتایا کہ کانگریس سب سے بڑی فرقہ پرست جماعت ہے۔ اس نے ہی ہندو۔ مسلم کی سوچ و فکر پیدا کی۔ جمہوریت کے تحائف سے متعلق ایک سوال پر بزرگ کمیونسٹ قائد نے جو کبھی سی پی آئی میں ہوا کرتے تھے، بعد میں سی پی ایم میں شمولیت اختیار کی بتایا کہ زمانہ قدیم میں جمہوریت نہیں تھی۔ شاہی حکومت میں قومی یکجہتی بہت مضبوط تھی۔ تاہم ملک کی آزادی اور سقوط حیدرآباد کے بعد حالات بدل گئے۔ فرقہ پرست تنظیموں کو عروج حاصل ہوا جو بھولے بھالے عوام کے ذہنوں کو فرقہ پرستی سے آلودہ کرنے میں کامیاب بھی ہوئیں۔ مرکز میں بی جے پی کا اقتدار پر آنا اسی فرقہ پرستی کے عروج کا ثبوت ہے۔ بسواراج حیدرآباد کی گنگا جمنی تہذیب کے بارے میں کہتے ہیں "پہلے لوگوں میں معصومیت، بھولاپن اور سادگی بہت زیادہ تھی۔ انسان تو انسان جانوروں پر بھی ظلم برداشت نہیں کیا جاتا تھا ویسے بھی اس زمانے میں خوشیاں زیادہ اور غم کم تھے۔ آبادی بھی بہت کم تھی۔ بھیڑ بھاڑ نہیں ہوا کرتی تھی۔ کاریں، موٹر سیکلیں بھی خال خال ہی نظر آتیں۔ سیکل اور رکشے بہت زیادہ تھے لیکن اب تو سب کچھ بدل گیا ہے۔ ہم آرام پسند ہو گئے۔ انسانوں کی بجائے مشینیں کام کرنے لگی ہیں۔ رکشے کی جگہ آٹو رکشا اور کاروں نے لے لی ہے نفرت محبت پر غالب آرہی ہے۔ مروت کے اس شہر میں بے مروتی آہستہ آہستہ اپنے وجود کو وسعت دے رہی ہے۔" بسواراج کے خیال میں وشوا ہندو پریشد، آر ایس ایس اور بجرنگ دل جیسی تنظیمیں ملک کی سالمیت اور اتحاد کیلئے بہت بڑا خطرہ ہیں۔ صرف اور صرف ووٹ بنک کے نام پر یہ تنظیمیں اور ان کے قائدین مذہبی منافرت پھیلا رہے ہیں۔ ہندو ہندو بھائی کے نعرے لگاتے ہوئے غریب

ہندوؤں کا استحصال کیا جاتا ہے لیکن جب دلتوں کو سینے سے لگانے کی بات آتی ہے تو ہندو ہندو بھائی بھائی کا نعرہ لگانے والوں کے ہوش اڑج اتے ہیں۔ انہوں نے اس ضمن میں ایک واقعہ سناتے ہوئے کہا بجرنگ دل کا ایک قائد میرے پاس آیا اور ہندو ہندو بھائی بھائی کی باتیں کرنے لگا۔ اسے پتہ نہیں کہ میں کمیونسٹ ہوں، میں اس کی زہر آلود باتیں سنتا رہا اور پھر اس سے مخاطب ہوتے ہوئے کہا کہ بھائی ایک دلت لڑکا ہے جو تعلیم یافتہ ہونے کے ساتھ ساتھ اچھا کاروبار بھی کرتا ہے کیا تم اس کے ساتھ اپنی بیٹی یا بہن کی شادی کروگے ؟ اس سوال پر وہ چونک سا گیا اور کہنے لگا "یہ کیسے ہو سکتا" ہے ایسا نہیں ہو سکتا دلت بھی کہیں ہماری بچیوں سے شادی کر سکتے ہیں !! ہرگز نہیں۔۔۔ اس پر میں نے کہا تو پھر ہندو۔ ہندو بھائی کا بھائی کا نعرہ کیوں لگاتے ہو، رشتہ کرو تو ہندو ہندو بھائی ورنہ کیسا بھائی اور کس کا بھائی۔ مجھے دیکھو میں کمیونسٹ ہوں اپنے دستر خوان پر سب کو بٹھاتا ہوں کیونکہ مجھے اندازہ ہے کہ غریبی اور بھوک کا کوئی مذہب نہیں ہوتا، کوئی ذات نہیں ہوتی، روٹی یہ نہیں دیکھتی کہ وہ ہندو کی بھوک مٹا رہی ہے یا مسلمان کو راحت بخش رہی ہے۔

بسوا راج کے خیال میں آج ہمارے معاشرہ میں فرقہ پرستی کا زہر گھولتے ہوئے جو لوگ دندناتے ہوئے پھر رہے ہیں وہ دراصل جمہوریت کی دین ہے۔ ملک میں فرقہ پرستی کیلئے کانگریس کو ذمہ دار ٹھہراتے ہوئے اس بزرگ قائد نے ایک سوال کے جواب میں کہا "ملک کی تقسیم کیلئے کانگریس اور نہرو خاندان ذمہ دار ہے۔ جدوجہد آزادی میں مسلمانوں نے بے شمار قربانیاں پیش کیں لیکن جب انگریزوں کی غلامی سے نجات پانے کا وقت آیا تب مسلمانوں کو حاشیہ پر لانے کی کوشش کی

گئی۔ اگر محمد علی جناح کو وزیر اعظم بنایا جاتا تو دنیا کے نقشہ میں پاکستان نظر ہی نہیں آتا لیکن نہرو خاندان نے ہندوؤں کیلئے ہندوستان کی بات کی اس طرح ہندوستان تقسیم ہو گیا ورنہ آج عظیم ہندوستان دنیا کی ایک بہت بڑی طاقت ہوتا۔

اپنی سیاسی سرگرمیوں کے بارے میں استفسار پر جناب بسواراج نے بڑی حسرت سے بتایا کہ وہ عطر کا کاروبار کیا کرتے تھے۔ کاروبار زوروں پر تھا۔ مخدوم محی الدین اور دیگر کمیونسٹ قائدین سے ملاقات کے بعد ان کی زندگی بدل کر رہ گئی۔ انہیں احساس ہوا کہ معاشرہ کے غریبوں خاص کر مزدور طبقہ اور کسانوں کو ان کا حق دلانا ضروری ہے۔ چنانچہ عوامی خدمت کے جذبہ کے تحت انہوں نے سی پی آئی میں شمولیت اختیار کی اور پھر سی پی ایم میں شامل ہو گئے۔ اپنی آمدنی کا نصف حصہ گھر کیلئے اور نصف کمیونسٹ تحریک پر خرچ کر دیتے۔

ان کی عوامی خدمت کا اندازہ اس بات سے لگایا جا سکتا ہے کہ انہوں نے ظہیر آباد میں واقع اپنی آبائی ۵۰ ایکڑ اراضی بھی کمیونسٹ تحریک کی نذر کر دی۔ وہ مخدوم محی الدین، ڈاکٹر راج بہادر گوڑ، جواد رضوی، کے ایل مہندرا، آر وی راجندر ریڈی، اے کملا دیوی، بدم یلا ریڈی اور دھرما بھکشم کے ساتھ غریبوں کی خدمت میں ہمہ تن مصروف رہے۔ ظہیر آباد، مستقر میدک، چیوڑلہ اور تانڈور میں کسانوں کے حقوق کے لئے جدوجہد اور انہیں اراضیات دلائیں۔

اس سوال پر کہ کیا عوامی خدمت کیلئے اپنا کاروبار، اپنی جائیداد اور زندگی کے کم از کم ۶۴ سال لگانے کے باوجود اس کسمپرسی کی حالت میں ان کی مدد کیلئے کوئی آگے نہیں بڑھتا؟ ایس بسواراج نے جن کی آنکھوں سے آنسو رواں تھے، کہا "پہلے

لوگوں میں انسانیت تھی۔ اب انسانیت کی جگہ مطلب پرستی اور خودغرضی نے لے لی ہے۔ ماضی میں لوگوں کا نظریہ یہی ہوتا تھا کہ غریبوں وضرورتمندوں خاص کر اپنے محسنوں کی مدد کی جائے لیکن اب یہ نظریہ بالکل بدل چکا ہے۔ لوگ صرف اپنی مدد کی پالیسی پر گامزن ہوگئے ہیں"۔ ایک مجاہد آزادی وبزرگ قائد ہونے کے باوجود حکومت، سیاستداں اور تنظیمیں ان کی مدد کیلئے آگے نہیں آتیں۔ ہاں! لوگ تعریف کرتے ہیں کہ بسواراج بہت اچھے آدمی ہیں جنہوں نے عوامی خدمت اور امن و امان کیلئے زندگی وقف کردی لیکن کوئی نہیں سوچتا کہ اس شخص نے اپنی زندگی وقف نہیں بلکہ زندگی تباہ کرلی ہے۔

وہ کہتے ہیں اخبارات والے آتے رہتے ہیں میرے بارے میں لکھتے ہیں۔ زبردست تعریف کی جاتی ہے۔ زبانی ہمدردی کا اظہار کیا جاتا ہے لیکن پھر کوئی مڑ کر نہیں دیکھتا۔ کوئی انسان زبانی ہمدردی کے سہارے تو نہیں جی سکتا۔ ہاں سی پی ایم سے کبھی مدد مل جاتی ہے۔ سرینواس اور ناگیشور راؤ کبھی کبھار مدد کر جاتے ہیں۔ تین بیٹوں اور تین بیٹیوں کے باپ ایس بسواراج اپنی ضعیفی کے باوجود اپنے قریبی دوست اور ہم محلہ ایم ٹی خان کے ساتھ شہر میں امن و امان کیلئے کئی تحریکوں میں حصہ لے چکے ہیں۔ (جناب ایم ٹی خان کا حال ہی میں انتقال ہوا ہے)

ایس بسواراج کے خیال میں فرقہ پرست ایک منصوبہ بند سازش کے تحت ہمارے شہر کی شناخت کو مٹا رہے ہیں۔ اس کی شبیہہ بگاڑ رہے ہیں۔ اس سلسلہ میں انہوں نے تاریخی پرانا پل کے دروازہ کی مثال پیش کی اور کہا کہ اب یہ دروازہ مندر میں تبدیل کر دیا گیا جب کہ حال حال تک اس دروازہ سے ٹریفک گذرا کرتی تھی۔

انہیں فرقہ پرستوں کی معاندانہ حرکت سے کہیں زیادہ حکومت، سرکاری اداروں بالخصوص پولیس اور بلدیہ کی بے حسی پر افسوس ہوتا ہے یہ تمام کے تمام ایک تاریخی دروازہ کو بچانے میں ناکام رہے اور اب بھی مجرمانہ خاموشی اختیار کئے ہوئے ہیں۔

بسواراج نے جو چارمینار کے دامن میں کئی مرتبہ بھوک ہڑتال کر چکے ہیں، کہتے ہیں کہ چارمینار کے پاس جو مندر ہے وہ پہلے نہیں تھا لیکن وہاں بھی مالدار مارواڑی سیٹھوں کے باعث مندر تعمیر کر دیا گیا۔ اسی طرح موسیٰ ندی کے کناروں پر منادر تعمیر کئے جا رہے حالانکہ مندر ایک پوتر مقام ہے جہاں پوجا کی جاتی ہے اور پوتر مقام صاف ستھری جگہ پر تعمیر کیا جانا چاہئے۔ نالوں، کنٹوں اور سڑکوں پر ناجائز قبضہ کرتے ہوئے مندروں کی تعمیر کوئی اچھی بات نہیں۔

کاروان میں امن کیلئے کام کرنے والی شخصیتوں کے بارے میں بسواراج کہتے ہیں کہ محمد باقر، سدو بھائی، پاشاہ بھائی، بالرام اور رام سوامی ایسے لوگ تھے جو امن کیلئے کام کرتے تھے جبکہ ہر ادروازہ کے یوسف علی صاحب مرحوم کو وہ اپنا استاد مانتے ہیں۔ پولیس ایکشن کے بارے میں ان کا کہنا ہے:

" پولیس ایکشن کے نام پر مسلمانوں کو نشانہ بنایا گیا جبکہ کمیونسٹوں نے مسلمانوں کا تحفظ کیا۔ خود میں نے کئی مسلمانوں کو بچایا ہے۔ کمیونسٹ بے شک حضور نظام اور رضاکاروں کے خلاف تھے لیکن مسلمانوں کے ہمدرد اور ان کے حقوق کے تحفظ کے علمبردار ہیں"۔ بسواراج کے خیال میں اب نکسلائیٹس تحریک کی ضرورت نہیں رہی۔ انہیں عوام کے ساتھ مل کر سیاسی سطح پر یہ لڑائی لڑنی

چاہئے۔ انٹرویو کے آخر میں انہوں نے نوجوان نسل کے نام اپنے پیام میں کہا کہ ظلم کے خلاف آواز اٹھانا ہر ہندوستانی کا حق ہے۔ ایسے میں نوجوان ملک خاص طور پر ہمارے شہر میں فرقہ پرستی کے انسداد میں اہم رول ادا کرسکتے ہیں۔

***

۲

سی ایچ راجیشور راؤ: اردو اور مسلمان

ایف ایم سلیم

کریم نگر ضلع کے گوناراؤ پیٹا منڈل میں ایک موضع ناگارم ہے۔ اس موضع کے زمیندار چیناماینینی سری نواس راؤ کے تین لڑکوں نے ہندوستان کی سیاسی اور سماجی زندگی میں اہم مقام حاصل کیا۔ ماہر معاشیات اور حیدرآباد یونیورسٹی کے چانسلر سی ایچ ہنمنت راؤ سے اس کالم کے قارئین متعارف ہو چکے ہیں۔ ان کے چھوٹے بھائی سی ایچ ودیاساگر راؤ ان دنوں مہاراشٹرا کے گورنر ہیں۔ سری نواس راؤ کے سب سے بڑے لڑکے یعنی سی ایچ راجیشور راؤ سینئر کمیونسٹ قائدین میں سے ایک ہیں۔ ۹۱ سال کی عمر میں بھی صحت مند، چست اور تندرست ہیں۔ لمبے عرصے تک آندھراپردیش اسمبلی کے رکن رہے ہیں۔ اپنی سیاسی زندگی کے آخری سال اگرچہ تلگودیشم پارٹی میں گزارے ہیں، لیکن خیالات اور اصولوں سے وہ اب بھی کمیونسٹ ہی ہیں۔ ۱۹۴۷ سے ۱۹۵۱ تک کمیونسٹوں کی تلنگانہ مسلح تحریک میں سرگرمی سے حصہ لیا۔ مخدوم اور راج بہادر گوڑ کے ساتھ روپوشی کی زندگی گذاری۔ ان کے لڑکے ڈاکٹر سی ایچ رمیش ان دنوں ٹی آر ایس کے ایم ایل اے

ہیں۔ سی ایچ راجیشور راؤنے اپنی زندگی کے تجربات کو ایک قلم کار کے روپ میں "کوئسٹ فار ٹروتھ" نامی کتاب میں یکجا کیا ہے۔ اس کالم میں ان سے گفتگو کا خلاصہ پیش ہے۔

اردو اور مسلمان!

میری پیدائش ۳۱ اگست ۱۹۲۳ء کو ہوئی۔ ابتدائی تعلیم بھی گاؤں میں ہی ہوئی۔ ماحول پوری طرح سے اردو کا تھا۔ مسلم حکومت ہونے کی وجہ سے تہذیب پر مسلمانوں کا اثر تھا۔ حالانکہ دیہات اور اضلاع میں مسلمانوں کی تعداد دس پندرہ فی صد سے زیادہ نہیں تھی۔ بعد میں جو جاگیر دار آئے وہ بھی شہروں میں ہی رہنے کو ترجیح دیتے تھے۔ عوام میں جو مسلمان تھے ان میں کاشت کار زیادہ تھے۔ میں چوتھی جماعت میں کریم نگر ضلع کے فوقانیہ مدرسے میں داخل ہوا۔ یہاں کے ٹیچر بھی زیادہ تر مسلمان تھے۔ مسلمان بچوں کے لئے دینیات اور غیر مسلم بچوں کے لئے اخلاقیات کے مضامین لازمی ہوتے تھے۔ میں کبھی کبھی اجازت لے کر دینیات کی جماعت میں بھی جا بیٹھتا تھا۔ مجھے محسوس ہوتا کہ دونوں مضامین میں کوئی زیادہ فرق نہیں ہے۔ دینیات میں راست طور پر اسلامی تعلیمات ہوتیں جبکہ اخلاقیات میں ہندو مذہبی کتابوں کا بھی ذکر ہوتا۔

ان دنوں آریہ سماج کے لیڈر پنڈت نریندر کریم نگر آئے تھے۔ ہم ان کے جلسوں میں بھی جاتے تھے۔ ایک دن میں ان سے الجھ بیٹھا کہ ہندوؤں اور مسلمانوں کی مذہبی تعلیمات میں زیادہ فرق نہیں ہے۔ وہ اسے ماننے کے لئے تیار نہیں تھے بلکہ ان کا ماننا تھا کہ مسلمان بڑے خطرناک لوگ ہوتے ہیں۔

انہی دنوں ایک واقعہ پیش آیا۔ اردو زبان کے امتحان میں میں اول آیا تھا۔ اس بات کا اعلان جماعت میں کیا گیا۔ اور اس کے بعد جب ہیڈ ماسٹر صاحب سے میری ملاقات کرائی گئی تو انہوں نے حیرت کا اظہار کیا کہ ہندو لڑکا اردو میں اول آیا ہے۔ اردو کے ٹیچر نے کہا کہ اس میں حیرت کی کوئی بات نہیں ہے۔ اردو لکھتا ہے، پڑھتا ہے، بات چیت اردو میں کرتا ہے تو امتحان میں اول بھی آسکتا ہے۔ دونوں اساتذہ میں جب یہ گفتگو ہو رہی تھی تو میں سامنے ہی تھا۔ میں سوچنے لگا کہ کیا اردو صرف مسلمانوں کی زبان ہے ؟ اردو میں میرے اول آنے پر حیرت کیوں ؟ میرا اول آنا غلط ہے کیا؟ حالانکہ بعد کی زندگی میں ایسے واقعات بہت کم گزرے لیکن اس واقعہ کو میں کبھی بھول نہیں سکا۔

اس زمانے میں لوگ زمینداری اور سرمایہ داروں کی مخالفت کرتے ہوئے کمیونسٹ پارٹی میں شامل ہوئے۔ میرے ساتھ ایسا نہیں تھا۔ ہمارے گھر میں زمینداری تھی اور میں مزدور یا مشینوں کے ساتھ کام کرنے والا بھی نہیں تھا۔ در اصل مارکس کے اصولوں سے متاثر ہو کر میں نے پارٹی کا کام کرنا شروع کیا۔ دنیا کے سبھی مذاہب مجھے ایک جیسے لگتے ہیں۔ اس خیال نے بھی شاید کمیونسٹ بنے رہنے میں میری مدد کی۔ میں تقریباً ۱۳ سال کا تھا۔ ۱۹۳۶ میں سِرسلا میں آندھرا مہاسبھا کی چوتھی کانفرنس تھی۔ماڈاپاٹی ہنمنت راؤ اس کانفرنس کی صدارت کر رہے تھے۔ کریم نگر ضلع کی مشہور ہستیاں اس میں شرکت کر رہی تھیں۔ میں نے ایک کارکن کے طور پر اس کے لئے کام کیا اور شاید وہی کانفرنس سیاست میں میرے داخل ہونے کا باعث بنی۔

ارونا آصف علی کا خط

ان دنوں میں دسویں جماعت میں تھا۔ یاسین علوی ہمارے سائنس کے ٹیچر تھے۔ وہ نیشنلسٹ تھے۔ جب مہاتما گاندھی نے quit india movement (بھارت چھوڑو تحریک) کا نعرہ دیا تو انہوں نے بھی طلبا کو اس میں حصہ لینے کی تحریک دی۔ اپنی جماعت کے ٹیچر کی تحریک اور باہر کے سیاسی ماحول سے متاثر ہو کر ہم لوگوں نے کریم نگر میں دوسرے دن ہی یعنی ۹ اگست کو ہی بڑے پیمانے پر مظاہروں میں حصہ لیا۔ کریم نگر ہائی اسکول کے سبھی طلباء نے فیصلہ کیا تھا کہ سب مل کر ایک جگہ بھوک ہڑتال کریں گے۔ تاکہ آزادی کی جدوجہد کرتے ہوئے قومی سطح پر جو لیڈر جیلوں میں بند ہیں، ان کی اخلاقی تائید کی جاسکے۔ ہم نے فیصلہ کیا کہ شام تک یہ ہڑتال جاری رہے گی۔ اس میں طلباء کے ساتھ ساتھ آریہ سماج اور آندھرا مہاسبھا کے ارکان بھی شامل تھے۔ شہر کے کئی بزرگوں نے ہمارے ستیہ گرہ کیمپ کا دورہ کیا۔

کچھ دن بعد ناگپور سے میرے نام ایک خط آیا۔ میری حیرت کی انتہا نہ تھی۔ یہ خط آنجہانی ارونا آصف علی کا تھا۔ انگریزوں کے خلاف بھارت چھوڑو تحریک میں حصہ لینے پر انہوں نے میرے نام لکھے خط میں کہا تھا کہ آزادی کی جد و جہد میں نوجوانوں اور طلبہ کو حصہ لینے کے لئے یہی صحیح وقت ہے۔ یہ خط میں نے ضلع کے مشہور لیڈر ربدم یلا ریڈی کو دکھایا۔ انہوں نے حوصلہ افزائی کرتے ہوئے کہا کہ طلباء کی یونین میں سرگرمی سے حصہ لینا چاہئے۔ میرے ایک رشتہ دار پوگم پلی نے ان سے کہا کہ لڑکے کو کم عمری میں سیاست میں گھسیٹ رہے ہو۔ لیکن میں سرگرم رہا۔

ہر جمعہ کو تعطیل کے روز ایک جلسہ ہوتا اور اس میں ملک بھر کے سیاسی حالات کی رپورٹ پیش کرنی پڑتی تھی۔ پارٹی کی سرگرمیوں کو انجام دینے کے لئے آل حیدرآباد اسٹوڈنٹس یونین کے جنرل سکریٹری جواد رضوی سے خطوط کے ذریعہ رہنمائی حاصل ہوا کرتی تھی۔ اسی دوران میں نے سی پی آئی کی رکنیت حاصل کرلی تھی۔

اس سے پہلے کا ایک اور واقعہ یاد آتا ہے۔ ایک دن سفید دھوتی اور کرتے میں ملبوس ایک صاحب کریم نگر آئے۔ پتہ چلا کہ وہ کونڈا وینکٹ لپّیا ہیں۔ کریم نگر کی ایک عدالت میں انہیں گواہی کے لئے بلایا گیا تھا۔ پولکم پلی ایڈوکیٹ نے ان کا کام کچھ دیر میں ہی پورا کر دیا۔ جب آندھرا مہاسبھا کے لیڈروں کو پتہ چلا کہ وینکٹ لپّیا آئے ہیں تو انہوں نے ان کی اس آمد سے فائدہ اٹھاتے ہوئے اس دن ایک جلسہ منعقد کرنے کا پروگرام بنایا۔

لیکن اس کے لئے پولیس کی اجازت کی ضرورت تھی۔ جب پولیس سے ربط کیا گیا تو پولیس نے بتایا کہ اس طرح کے جلسے کے لئے ایک ہفتہ پہلے درخواست دینا ضروری ہے۔ سی آئی ڈی عہدیدار بندے کریم صاحب نے اس کے لئے ایک ترکیب نکالی۔ انہوں نے کہا کہ اگر طلبہ کی جانب سے درخواست دی جائے تو اجازت فوری مل جائے گی اور پھر میں نے اپنی ذمہ داری سے درخواست لکھ کر اس جلسے کی اجازت لی۔ ان واقعات نے کریم نگر کی سیاسی تحریکوں میں میری شناخت قائم کر دی اور میرے حیدرآباد پہنچنے سے قبل ہی میرے نام سے یہاں کے لوگ واقف ہو چکے تھے۔

عثمانیہ یونیورسٹی اور سی ہاسٹل

۱۹۴۳ میں دسویں جماعت کا امتحان کامیاب کرنے کے بعد میں نے حیدرآباد کا رخ کیا۔ عثمانیہ یونیورسٹی کے سی ہاسٹل کے روم نمبر ۲۲ میں جگہ مل گئی۔ سی ہاسٹل حیدرآباد میں سیاسی سرگرمیوں کا مرکز تھا، جہاں جے گوتم راؤ، مکند لال مشرا، اگلی ریڈی، کشن ریڈی، کے نرسنگ راؤ جیسے لیڈر رہتے تھے۔ الگ الگ اصولوں کو ماننے والے افراد یونیورسٹی کے پرامن ماحول میں رہا کرتے تھے۔ اصولوں پر بحث بھی ہوتی لیکن کبھی جھگڑا یا تشدد کا ماحول پیدا نہیں ہوتا تھا۔ ان دنوں عثمانیہ یونیورسٹی میں رہنے والے ہندو طلباء بڑی تعداد میں ہندوستان کی قومی تحریک کی جانب راغب ہوئے۔ جبکہ زیادہ تر مسلم طلبہ نظام کی حمایت کرتے تھے۔ اس کے باوجود طلباء میں فرقہ وارانہ طور پر کھل کر تفریق نہیں آئی تھی۔ اس کی ایک خاص وجہ بھی تھی۔

وہاں ایسے مسلم طلبہ کی تعداد بھی کم نہ تھی جو کمیونسٹ نظریات کے حامل تھے اور وہ قومی مزاج رکھتے تھے۔ یونیورسٹی میں سیکولر اور امن پسند ماحول بنانے میں ان طلباء کا صحت مند رویہ بہت مددگار ثابت ہوا۔ کئی بار فرقہ وارانہ ذہن رکھنے والی طاقتوں نے باہر سے یونیورسٹی میں داخل ہونے کی کوشش کی، لیکن یونیورسٹی کے اندر رہنے والے دونوں فرقوں کے طلباء نے مشترکہ طور پر ان کوششوں کو ناکام بنادیا۔ یونیورسٹی کے طلبہ کی یونین میں سبھی طبقات کے طلبہ شامل تھے لیکن یونیورسٹی انتظامیہ نے ان پر کئی پابندیاں عائد کر رکھی تھیں، تاکہ فرقہ وارانہ کشیدگی پیدا نہ ہو۔ اس کے باوجود یونیورسٹی میں طلبہ انتخابات ہوئے اور میں سائنس کالج کی نمائندگی کے لئے منتخب ہوا۔ ہم لوگ چاہتے تھے کہ انتخابات جمہوری طریقے پر

ہوں، لیکن مسلم طلبہ اس کے لئے تیار نہیں ہوئے، انہوں نے اس بات پر زور دیا کہ مسلمانوں کو مذہب کی بنیاد پر ۵۰ فیصد نمائندگی دی جائے۔ علی یاور جنگ بہادر اس وقت وائس چانسلر تھے۔ مجھے یاد ہے کہ یونیورسٹی میں غیر جمہوری طور طریقوں کے موضوع پر وائس چانسلر سے مل کر بحث بھی کی، لیکن اس موضوع پر زیادہ توجہ نہیں دی گئی۔ جب طلبہ کی سیاسی تحریک تیز ہوئی تو جواد رضوی، اوم پرکاش جیسے لیڈروں پر عثمانیہ یونیورسٹی میں داخلے پر پابندی لگادی گئی۔

وندے ماترم تحریک اور لفظ 'عثمانیہ'

کئی ساری پابندیوں کے باوجود یونیورسٹی اور یونیورسٹی کے باہر طلبہ کی تحریکیں جاری رہیں۔ نظام حکومت کے غیر جمہوری رویہ کے خلاف بھی آوازیں اٹھتی رہیں۔ بڑی تعداد میں طلبہ لیڈر بن کے ابھرے۔ ڈاکٹر پرانچپے، پی وینکٹ راما راؤ، رفیع احمد، باسط اللہ بیگ، وٹھل راؤ کلکرنی، گوپال راؤ، گنگا دھر چٹنیس، سی ایچ ہنمنت راؤ، بور گولا نرسنگ راؤ، جیسے کئی لوگ ابھرے اور انہوں نے بعد کی سیاسی اور سماجی زندگی میں اہم مقام حاصل کیا۔

وندے ماترم جیسی تحریک کو بھی عثمانیہ یونیورسٹی سے تقویت حاصل ہوئی۔ جب عثمانیہ یونیورسٹی نے طلبہ کیلئے کالی شیروانی کو یونیفارم بنایا تو ہندو طلبہ نے اس کی مخالفت کی اور جماعتوں میں وندے ماترم گیت گا کر نعرے لگائے۔ یونیورسٹی نے سخت قدم اٹھاتے ہوئے طلبہ اور ان کے قائدین کو نوٹسیں جاری کیں۔ بڑی تعداد میں طلبہ نے پونے، ناگپور، علی گڑھ اور دوسرے کالجوں میں شریک ہو کر اپنی تعلیم جاری رکھی۔ بعد میں وہ کانگریس، کمیونسٹ اور سوشلسٹ پارٹی میں بڑے عہدوں

پر پہنچے۔ حیدرآباد اور اضلاع میں لوگوں نے حکومت مخالف تحریکوں میں مختلف حربے استعمال کئے۔ مجھے یاد ہے کہ کریم نگر میں آندھرابھاشا نیلایم کے قیام کی اجازت نہیں ملی تو مقامی لوگوں نے 'عثمانیہ' نام شروع میں لگاکر عثمانیہ آندھرابھاشا نیلایم کا قیام کیا اور اجازت بھی مل گئی، کیوں کہ عثمانیہ نام جوڑنے سے حکومت کو اطمینان ہوگیا تھا۔ اس کے کتب خانے سے وندے ماترم تحریک چلائی گئی۔ یہاں پر گولکنڈہ ڈیلی، آندھراپتریکا ڈیلی اور ہفتہ وار "سوتنترا" جیسے اخبار اور رسالے آتے جن میں آزادی کی تحریکوں پر اچھاخاصا مواد ہوتا تھا۔

اساتذہ چھپ کر گاندھی جی سے ملتے تھے

یونیورسٹی میں رہنے کے دوران میں کمیونسٹ پارٹی کی سرگرمیوں میں حصہ لیا کرتا تھا تو کئی اساتذہ کی حمایت حاصل تھی۔ زوالوجی ڈپارٹمنٹ کے پروفیسر ڈاکٹر جی کے داس میرے کام سے کافی متاثر تھے۔ دو دیگر پروفیسر تھے جو قومی تحریکوں کے حمایتی تھے۔ فزکس کے راوؤڈا ستیہ نارائن (جو بعد میں وائس چانسلر ہوئے) اور کیمسٹری کے الیندولہ سیتارامارا‌ؤ بہت اچھے دوست بھی تھے اور گاندھی جی کے خیالات سے متاثر تھے، لیکن عثمانیہ یونیورسٹی میں رہتے ہوئے کھل کر اپنی آواز نہیں اٹھاسکتے تھے۔ ایک بار کا دلچسپ واقعہ ہے۔ دونوں پروفیسروں نے واردھا جاکر گاندھی جی سے ملنے کا پروگرام بنایا، لیکن وہ چاہتے تھے کہ اس کی اطلاع یونیورسٹی انتظامیہ کو نہ ہو۔ وہ رات کی ٹرین سے نکلے اور صبح وہاں پہنچے۔ وہ چاہتے تھے کہ وہاں سے لوٹتے ہوئے بھی کسی کی نظر ان پر نہ پڑے۔ شام کی ٹرین سے لوٹنے کے لئے جب وہ ریلوے اسٹیشن پر پہنچے تو انھیں یہ دیکھ کر حیرت کی انتہا نہ رہی کہ وائس

چانسلر اعظم صاحب اسٹیشن پر ٹہل رہے تھے۔ انہوں نے دونوں سے پوچھا کہ وہ وارد ھا کیوں آئے ہیں ؟ یہی سوال وائس چانسلر سے بھی کیا گیا، تینوں کھکھلا کر ہنس پڑے اور راستے بھر گاندھی جی سے ملاقات کے دوران ہوئی بات چیت پر گفتگو ہوتی رہی۔

گیتا پر اردو میں مضمون

۱۹۴۴ میں تین اہم واقعات میری زندگی میں پیش آئے۔ جب میں ۲۱ سال کا تھا تو میری شادی ہوگئی۔ ان دنوں میں سیاسی تحریکوں میں سرگرمی کے ساتھ حصہ لے رہا تھا۔ اس تعلق سے میں نے اپنی بیگم سے کہا کہ میں زیادہ وقت انہیں نہیں دے پاؤں گا۔ انہوں نے بخوشی ہر حال میں ساتھ دینے کا وعدہ کیا۔ انہی دنوں عثمانیہ یونیورسٹی میں تحریری مقابلے ہوئے۔ کے وی نرسنگ راؤ اور میں نے گیتا کو موضوع بنایا تھا۔ انہوں نے انگریزی میں اور میں نے اردو میں مضمون لکھا۔

نرسنگ راؤ نے اس کتاب کو الہامی کتاب قرار دیا جبکہ میں نے اس کو مادیت پسند فلسفے پر مشتمل سنسکرت کا قیمتی ادب قرار دیا۔ سروجنی نائیڈو جج کے طور پر حصہ لے رہی تھیں اور مخدوم محی الدین مہمان خصوصی تھے۔ دونوں مضامین کو انعام اول کا مستحق قرار دیا گیا۔

سروجنی نائیڈو نے کہا "میں تمہارے خیالات سے اتفاق نہیں رکھتی، لیکن تم نے اپنی بات کو ثابت کرنے کے لئے دلائل جمع کرنے میں کافی محنت کی ہے۔ ایک دن تم بڑے کمیونسٹ لیڈر بنو گے"۔

یہ سن کر مخدوم مسکرائے اور کہا "یہ کمیونسٹ لیڈر بن گیا ہے"۔

اسی سال مشہور سائنس داں سر سی وی رمن کا لکچر عثمانیہ یونیورسٹی میں رکھا گیا تھا۔ فزکس پر ان کا لکچر سننے کے لئے بڑی تعداد میں لوگ حاضر تھے۔ لیکن انہوں نے سیاست اور سیاستدانوں کے تئیں نفرت کا اظہار کیا۔ ان کی تقریر کے بعد طلبہ کو سوالات کا موقع دیا گیا۔

میں نے سیاست پر سی وی رمن کے خیالات سے اتفاق نہیں کیا۔ اس پر جواب دیتے ہوئے انھوں نے کہا "میرے بچے پیشے سے میں سیاستداں نہیں ہوں۔ میں سیاستدانوں کے بیانات سے مایوس ہوں۔ گاندھی جی آج کچھ کہتے ہیں تو دوسرے دن پنڈت جی اس موضوع پر اپنا مختلف خیال ظاہر کرتے ہیں اور راجاجی کچھ الگ طرح سمجھاتے ہیں۔ اس وقت سارے ملک کی ایک آواز ہونی چاہئے، جبکہ یہ سیاستداں اپنے بیانات سے ملک کے لئے مسائل کھڑے کر رہے ہیں۔ بھلا ان پر کون یقین کرے"۔

تلنگانہ کی مسلح تحریک

۱۷ اگست ۱۹۴۷ء کو ہندوستان آزاد ہونے کے بعد نظام حیدرآباد نے آزاد ریاست کے طور پر رہنے کا فیصلہ لیا تھا، لیکن ریاست میں آزادی کی تحریکیں چلانے والی آندھرا مہا سبھا، کانگریس، آریہ سماج اور دیگر تنظیمیں چاہتی تھیں کہ تین زبانیں (تلگو، مراٹھی اور کنڑا) بولنے والے علاقے پہلے ہی انڈین یونین میں شامل ہو گئے ہیں تو پھر حیدرآباد ریاست کو بھی ہندوستان میں شامل ہو جانا چاہئے۔

مخالفت بڑھتی گئی۔ دوسری جانب قاسم رضوی کی سربراہی میں رضاکار تحریک کا اثر بھی بڑھتا گیا۔ اسی سال کمیونسٹ پارٹی نے زمینداروں اور دیشمکھوں

کے ظلم کے خلاف مسلح جدوجہد شروع کی۔ کئی مقامات پر رضاکاروں اور کمیونسٹوں میں تشدد آمیز واقعات ہوئے۔ دونوں طرف کے کئی لوگ مارے گئے۔ میں مخدوم اور دیگر قائدین کے ساتھ روپوش رہ کر پارٹی کا کام کرتا رہا۔ یہ سلسلہ پولیس ایکشن کے بعد بھی جاری رہا۔

٭٭٭

۳

بورگل نرسنگ راؤ: گاؤں میں گزرا بچپن

ایف ایم سلیم

حیدرآباد کے پہلے منتخب چیف منسٹر بی رام کرشنا راؤ کے بھتیجے بی نرسنگ راؤ اردو کو اپنی دوسری مادری زبان مانتے ہیں۔ انجمن ترقی اردو کے لمبے عرصے تک رکن رہے ہیں۔ مخدوم محی الدین اور راج بہادر گوڑ کے ساتھ مختلف تحریکوں میں حصہ لے چکے ہیں۔ حیدرآباد میں پہلے ایک اسٹوڈنٹ لیڈر اور بعد میں کمیونسٹ پارٹی کے قائد کے طور پر انہوں نے کام کیا۔ ابتدائی زندگی میں ٹیچر بھی رہے۔ حیدرآبادی تہذیب کی نمائندہ شخصیت کے طور پر لوگ انہیں پہچانتے ہیں۔ راج بہادر گوڑ نے اپنے مکان کا نام مخدوم کی اردو نظم سے متاثر ہو کر 'چنبیلی کا منڈوا' رکھا تو نرسنگ راؤ صاحب نے مخدوم کے ڈرامے 'پھول بن' کا نام اپنے مکان کی تختی پر لکھوایا۔ 'حیدرآباد جو کل تھا' کے لئے ایف ایم سلیم کے ساتھ ہوئی گفتگو کے اقتباسات پیش ہیں۔

گاؤں میں گزرا بچپن

میرا بچپن محبوب نگر کے شاد نگر کے پاس واقع بورگل گاؤں میں گزرا۔ ۹ سال

کی عمر تک میں وہاں رہا۔ وہ بادشاہت کا دور تھا۔ جاگیردارانہ راج میں زمین صرف خاص زمینداروں اور جاگیرداروں میں بٹی ہوئی تھی۔ جاگیرداروں کے تحت محنت دار ہوا کرتے تھے، جو گاؤں میں قولداروں سے ٹیکس وصول کر جاگیرداروں کو دیا کرتے تھے۔ ہمارے جاگیردار فتح یار جنگ تھے۔ میرے والد ۱۰ گاؤں کے محنت دار تھے۔ ایک اور نظام دیش مکھ اور دیش پانڈوں کا تھا۔ جاگیرداروں اور دیش مکھوں میں کچھ فرق تھا۔ جاگیردار شہروں میں بنگلے بنا کر رہتے تھے۔ بنگلوں میں عیش و عشرت کا ماحول رہتا۔ مجرے ہوتے۔ دوسری جانب دیش مکھوں کو زمین سے لگاؤ تھا۔ گاؤں میں سڑک نہیں تھی۔ مدارس نہیں تھے۔ ضلع مستقر پر ہائی اسکول ہوا کرتا تھا اور تعلقہ ہیڈ کوارٹر پر وسطانیہ مدرسہ، گاؤں میں اسکول بہت کم تھے۔ والد صاحب نے انہیں دنوں اپنے گھر میں ہی ایک مدرسہ شروع کیا۔ اس کے لئے ایک استاد بھی مقرر کیا۔ ان کا نام ستیہ نارائن پرشاد تھا۔ یہ اردو، فارسی اور تلگو پڑھاتے تھے۔ دراصل ۱۹ ویں صدی کے اواخر میں جب حیدرآباد۔ بنگلور ریلوے لائن کی تعمیر ہو رہی تھی، انہیں دنوں وہ وہاں آ کر رہنے لگے تھے۔ انہیں بوندی لونڈو کہا جاتا۔ کیوں کہ وہ بندیل کھنڈ سے آئے تھے۔ والد صاحب نے شہر سے ایک اور استاد ہنومنت راؤ کو پڑھانے کے لئے گاؤں بلایا تھا۔ وہ ریاضی اور انگریزی پڑھایا کرتے تھے۔ دادا پڑدادا کو تو تین زبانیں آتی تھیں۔ اردو، فارسی اور تلگو، کچھ لوگوں نے سنسکرت بھی سیکھ لی تھی۔ بی رام کرشنا صاحب نے تو عمر خیام کی رباعیوں کا تلگو میں ترجمہ سیدھے فارسی سے کیا تھا۔

دلتوں کو دعوت

۱۹۳۶ کا ایک واقعہ ہے۔ والد صاحب آندھرا مہا سبھا کی سرگرمیوں میں حصہ لیتے تھے۔ وہ سماج میں اونچ نیچ کے خلاف تھے، لیکن معاشرے میں پہلے سے کچھ روایتیں موجود تھیں۔ دلتوں اور ہریجنوں کو برہمنوں اور بڑی ذات والوں کے گھروں میں آنے کی مناہی تھی۔ انہی دنوں والد صاحب نے سبھی ذات والوں کے لئے ایک دعوت کا اہتمام کیا۔ کچھ دلت بھی گھر آئے۔ دادا نے اس کی بہت مخالفت کی۔ انھوں نے کہا کہا "دھیڑ کو گھر میں لا رہے ہو"۔

اس موضوع پر باپ بیٹے میں جم کر بحث ہوئی اور تین ہفتے تک بات چیت بند رہی۔ در اصل ذات پات کا یہ نظام تلنگانہ میں تو کم تھا، لیکن آندھرا میں تو حالات بہت بھیانک تھے۔ کئی ہریجنوں کو ایک ساتھ زندہ جلانے کے واقعات بھی رونما ہوئے۔ آج بھی کئی گاؤں میں حالات سدھارے نہیں جا سکے ہیں۔

حیرت اس بات پر ہے کہ بڑی ذات والے 'ریڈی دورا' نے تو ان پر ظلم کیا ہی لیکن مسلمانوں نے بھی انہیں 'دھیڑ' ہی کہا۔ بلکہ حیدرآباد میں تلگو زبان کو بھی 'تیلگی بے ڈھنگی' کہا جاتا۔

میں ۹ سال کی عمر میں پہلی بار حیدرآباد آیا اور یہاں وویک وردھنی اسکول میں داخلہ لیا۔ وویک وردھنی انگریزی میڈیم کا اسکول ہوا کرتا تھا۔ گاؤں میں تو انگریزی میڈیم اسکول نہیں تھے۔ شہر میں بھی کم تھے۔ زیادہ تر اردو میڈیم کے اسکول تھے۔ چادرگھاٹ اسکول انگریزی میڈیم تھا۔ یہ بہت اچھا اسکول ہوا کرتا تھا۔ وہاں کے اساتذہ بہت ذہین ہوا کرتے۔

انٹرمیڈیٹ کے لئے میں نے نظام کالج میں داخلہ لیا۔ یہ ۱۹۴۵ کی بات ہے۔

اس وقت نظام کالج مدراس بورڈ سے ملحق تھا۔ جب ہم بی اے میں داخل ہوئے تو یہ عثمانیہ یونیورسٹی کے تحت آ گیا تھا۔ دراصل نظام کالج کا قیام سروجنی نائیڈو کے والد اگھورناتھ چٹوپادھیائے نے ایک اسکول کے طور پر عمل میں لایا تھا۔ جو بعد میں کالج میں تبدیل ہو گیا۔ اور ایک زمانے تک مدراس بورڈ اور یونیورسٹی سے ملحق رہا۔

آنسو گیاس اور پیاز

میرے والد آندھرا مہاسبھا میں تھے۔ اس کے پہلے صدر سرورم پرتاپ ریڈی اور دوسرے میرے والد تھے۔ میں ۵ سال کا ہی تھا کہ والد صاحب مجھے شادنگر میں منعقد آندھرا مہاسبھا کی دوسری کانفرنس میں لے گئے تھے۔ دراصل حیدرآباد میں ان دنوں تیزی سے ہو رہی تبدیلیوں میں آندھرا مہاسبھا کا رول غیر معمولی رہا۔ حیدرآباد میں کانگریس بھی اسی سے پیدا ہوئی۔ میرے چاچا بی رام کرشنا راؤ بھی اس میں تھے۔ آندھرا مہاسبھا میں کمیونسٹ بھی تھے۔ ۱۹۴۲ میں جب ہندوستان چھوڑو تحریک شروع ہوئی تھی تو میرے اسکول میں بھی بڑی تعداد میں طلباء کا ایک جلوس آیا۔ ہم اسی کے ساتھ ہو لئے اور عابڈس گرامر اسکول کے پاس پہنچے۔ یہاں پولیس نے ہمیں روکا۔ آنسو گیاس چلائی گئی۔ میری زندگی کا وہ پہلا تجربہ تھا اور بعد کے لئے ٹریننگ اسکول بھی۔ میں نے بعد میں کئی جلوسوں کی رہنمائی کی۔ جب بھی جلوس میں نکلتے جیب میں پیاز رکھ کے نکلتے تا کہ آنسو گیاس کے تیز اثر سے بچ سکیں۔

نظام کے شہر کے عین وسط میں ایک جزیرہ

نظام کو انگریزوں نے ایک خاص مقام دیا تھا۔ جہاں ساری ریاستوں کے راجا

ہز ہائی نس کہلاتے تھے نظام کو ہز اکزالیٹڈ ہائی نس کا درجہ حاصل تھا۔ کرنسی، پوسٹل نظام اور ریلوے ان کے اپنے تھے۔ اس کا مطلب یہ نہیں کہ نظام پوری طرح سے آزاد تھے۔ دہلی میں وائسرائے ہوتا تھا اور مختلف ریاستوں میں گورنر۔ دیسی ریاستوں میں ریزیڈنٹ ہوا کرتا تھا۔ نظام کو اختیارات تو تھے لیکن انگریزوں کا کنٹرول بھی تھا۔ نظام کی اکزیکیٹو کونسل میں ہوم منسٹر اور ریونیو منسٹر انگریز ہوا کرتے۔ آخری کیبنٹ لائق علی خاں کی تھی جس میں یہ سلسلہ ٹوٹا تھا۔

انگریزوں کے اسی کنٹرول کی وجہ سے نظام کی حکمرانی والے شہر حیدرآباد کے عین وسط میں ایک جزیرہ بن گیا تھا، وہ تھا سلطان بازار اور عیسی میاں بازار۔ یہ انگریز ریزیڈنسی (اب ویمنس کالج کوٹھی) کا علاقہ ہوا کرتا تھا۔ نظام کے خلاف جتنی تحریکیں چلیں ان میں سے زیادہ تر کا مرکز سلطان بازار ہی تھا۔ آندھرا مہاسبھا، کنٹر مہاسبھا، کامریڈ اسوسی ایشن، آریہ سماج اور دوسری تنظیموں کے دفاتر یہاں تھے۔ اگر شہر میں نظام کی حکومت سے کوئی اجازت نہیں ملتی تو وہ اجازت ریذیڈنسی سے مل جاتی۔ یہی وجہ ہے کہ لڑکیوں کے لئے تلگو اسکول کی شروعات کے لئے نظام سے اجازت طلب کی گئی اور جب یہ درخواست ٹھکرائے جانے کے بعد بھی اسکول قائم ہوا اور اس کی اجازت ریذیڈنسی سے مل گئی اور اسکول کو مدراس سکنڈری بورڈ سے ملحق کیا گیا۔ حالانکہ نظام اس کو بھی بند کر سکتے تھے لیکن انہوں نے دور اندیشی سے کام لیا۔

مجلس اور آندھرا مہاسبھا

حیدرآباد میں کئی تحریکیں چلیں اور کچھ دن بعد بند ہو گئیں۔ کئی جماعتوں کی

سرگرمیاں بیان بازی سے آگے نہیں بڑھ پائیں۔ نظام کے خلاف کسی کا مسلسل جدو جہد کرنا مشکل تھا لیکن مجلس اور آندھرا مہاسبھا دو اہم جماعتیں ایسی تھیں کہ ان کی تحریکوں نے بعد کے حیدرآباد پر بڑا گہرا اثر چھوڑا بلکہ بعد کی تاریخ انہیں پر منحصر ہے۔ مجلس مسلمانوں کی فلاح و بہبود کے مقصد سے بنائی گئی تھی۔ آندھرا مہاسبھا نے بھی اسی طرح کی اصلاح پسند باتیں کیں۔ آندھرا مہاسبھا کی دو کانفرنسوں کے بعد حکومت نے اس پر پابندی لگادی لیکن اس نے آہستہ آہستہ اپنے پروگراموں میں تبدیلی لانی شروع کی۔ تلگو ذریعہ تعلیم پر توجہ دی گئی۔ لائبریری تحریک چلائی گئی۔ وہ لوگ جانتے تھے کہ زبان آگے بڑھے گی تو لوگوں میں جذبہ بھی پیدا ہوگا۔ چنانچہ جب سلطان بازار میں کرشنا دیورایا لائبریری کے قائم کرنے کی اجازت نہیں ملی تو اس کو پہلے کہیں اور شروع کیا گیا اور بعد میں سلطان بازار میں ہی قائم کیا گیا۔

۱۹۳۰ میں آندھرا مہاسبھا قائم ہوئی تھی اور بعد میں جب کانگریس بنی تو اسے اس تنظیم سے ہی لوگ ملے۔ اس میں دو نسلیں کام کر رہی تھیں۔ ایک بزرگوں کی تھی اور نوجوان دوسرے ڈھنگ سے کام کر رہے تھے۔ ۱۹۳۷ء میں مہاسبھا کے صدر ایم نرسنگ راؤ نے نظام آباد کی کانفرنس میں قرار داد منظور کی کہ ذمہ دارانہ حکومت قائم کی جائے۔ بعد میں یہی ان کا سیاسی نعرہ بن گیا۔ اس نعرے کے ساتھ ہی کانگریس حیدرآباد میں مضبوط ہوتی گئی۔

دوسری طرف مجلس کی قیادت اب بہادر یار جنگ کے ہاتھ میں آگئی تھی۔ وہ یوں بھی مجلس کے بانیوں میں سے تھے۔ بہادر یار جنگ نے نیا نظریہ پیش کرتے ہوئے کہا کہ حکومت میں مسلمانوں کا حصہ ہونا چاہئے۔ حالانکہ ایم نرسنگ راؤ اور

بہادر یار جنگ اچھے دوست تھے۔ دونوں میں سیاسی موضوع پر بات چیت بھی ہوتی تھی۔ ابو الحسن سید علی صاحب سے بھی مہاسبھا کے لوگوں نے اس نظریہ کو بدلنے پر گفتگو کی، کیوں کہ یہ نظریہ بہت خطرناک تھا۔ اس وقت ریاست میں ۵۔۱ کروڑ لوگوں کی آبادی تھی جس میں مسلمان ۲۵ لاکھ تھے۔ سوال کیا گیا کہ اگر حکومت میں مسلمانوں کا حصہ ہوگا تو پھر باقی ڈیڑھ کروڑ آبادی کے حصے کا کیا ہوگا؟ کافی عرصے تک یہ مسئلہ زیر بحث رہا۔ ۱۹۴۳ میں شیخ عبداللہ کشمیر سے آئے اور کولن پاک گئے۔ ان کے ساتھ بی رام کرشنا، روی نارائنا ریڈی بھی تھے۔ انہوں نے دیکھا کہ عام مسلمانوں کے ذہن میں بات گھر کر گئی تھی کہ حکومت ان کی ہے۔ انہیں یہ موقع ہی نہیں دیا گیا کہ وہ اپنے ساتھ رہنے والے دوسرے لوگوں کے بارے میں بھی سوچیں۔

آریہ سماج اور فسادات

انہیں دنوں آریہ سماج کی سرگرمیاں بھی بڑھ گئی تھیں۔ ادھر بہادر یار جنگ نے مجلس کے ذریعہ تبلیغ پر زور دیا تو آریہ سماج نے شدھی تحریک شروع کی اور ان کے چلتے سنگین تضاد کے حالات پیدا ہوئے اور کئی جگہوں پر فسادات ہوئے۔ آریہ سماجی زیادہ تر پنجاب سے آئے تھے اور ہندو سماج سے برائیوں کو نکالنے کی تحریک انہوں نے شروع کی، کئی کمیونسٹ اور کانگریسی نوجوان بھی اس میں شریک ہوئے۔ حالات سنگین ہوتے گئے۔ جس گاؤں میں مجلس کی تبلیغ ہوئی آریہ سماج بھی اسی گاؤں میں پہنچ جاتے اور مسلمانوں کو واپس ہندو بنانے کے لئے شدھی تحریک چلاتے۔ کئی مقامات پر ٹکراؤ کی حالت پیدا ہوئی۔ کانگریس کا ستیہ گرہ شروع ہو چکا

تھا۔ آریہ سماجی بھی ستیہ گرہ کر رہے تھے۔ لیکن مجلس اور آریہ سماج میں ٹکراؤ کی حالت کو دیکھتے ہوئے کانگریس نے اس سے اپنے آپ کو دور رکھنا ہی مناسب سمجھا۔ کانگریسی پریشان ہو گئے تھے۔ وہ اس چکر سے اپنے آپ کو دور رکھنا چاہتے تھے۔ گلبرگہ، اودگیر اور یادگیر میں فسادات ہوئے، کئی لوگ مارے گئے۔ ۱۹۳۸ء میں شہر میں دھول پیٹ کا فساد بھی ہوا۔ کانگریس پر پابندی تھی۔ انہیں دنوں گاندھی جی نے بی راماکرشنا اور رامانند تیرتھ کو بلایا اور کہا کہ کانگریسی، آریہ سماج سے دور رہیں۔

کمیونسٹ تحریک اور رضاکار

مجلس کی قیادت جیسے ہی قاسم رضوی کے ہاتھ میں آئی، حالات اور خراب ہو گئے۔ کئی معصوم مسلمانوں کو اس سے بڑا نقصان ہوا۔ لائق علی بھی اس کے لئے ذمہ دار تھے۔ وہ حیدرآباد کو آزاد رکھنا چاہتے تھے۔ گوا خریدنا چاہتے تھے۔ نظام ہندوستانی حکومت کے ساتھ بات چیت کر سکتے تھے لیکن انہیں اس کے لئے آگے بڑھنے سے روکا گیا۔ رضاکاروں کی سرگرمیاں بڑھتی گئیں۔ تلنگانہ کے علاقے میں جہاں کمیونسٹ پارٹی کے لوگ تھے وہاں سے دونوں کے درمیان ٹکراؤ کی بہت سی خبریں آئیں۔ لائق علی دراصل حیدرآباد کو منی پاکستان بنانا چاہتے۔ ہندوستان آزاد ہونے کے بعد انہوں نے تین بار پاکستان کا دورہ کیا۔ اور قاسم رضوی تیزی سے نوجوانوں کو رضاکار تحریک میں شامل کر رہے تھے۔ جب پولیس ایکشن ہوا تو مسلمانوں کا بڑا نقصان ہوا خصوصاً بڑی تعداد میں معصوم نوجوان اس وقت انڈین آرمی کے ٹینکوں کے سامنے مارے گئے، جب نظام حکومت کی فوج نے پیچھے ہٹنے کا

فیصلہ کیا۔ حالانکہ فوج تین راستوں سے آئی تھی لیکن مراٹھواڑہ کے علاقے میں ہندوؤں نے رضاکاروں کا بدلہ عام مسلمانوں سے لیا۔ اس وقت فوج نے کہیں مداخلت کی اور کہیں نظر انداز کیا۔ میں سندرلال کمیٹی کے بیان سے اتفاق کرتا ہوں کہ ہندوؤں نے مسلمانوں کے گھروں کو لوٹا اور کچھ جگہوں پر یہ ظلم دیکھ کر بھی انجان رہی۔ ۲۲ سے ۴۰ ہزار لوگ مارے گئے۔

نیشنلسٹ مسلمان

یہ صحیح ہے کہ نظام کی ریاست میں ۸۰ فیصد مسلمان آزاد رہنے کا خواب دیکھ رہے تھے، لیکن ۲۰ فیصد مسلمان ایسے بھی تھے جو اس کے مخالف تھے۔ وہ سمجھتے تھے کہ یہ راستہ غلط ہو گا۔ نظام کے وزیر اعظم سر اکبر حیدری اور نواب چھتاری بھی ہندوستانی حکومت کے ساتھ بات چیت کے حق میں تھے۔ لیکن نظام نے ان کی بات نہیں مانی۔ کانگریس اور گاندھی جی سے متاثر ہو کر بہت پہلے سے حیدرآباد کے کئی مسلمان تحریکوں میں حصہ لینے لگے تھے۔ بدر الحسن صاحب نے تو کریم نگر میں کھادی کا ایک یونٹ بھی قائم کیا۔ مرزا اسمعیل بھی چاہتے تھے کہ ہندوستانی حکومت کے ساتھ جائیں۔ "سیون (۷) مرزاس" کے نام سے مشہور ایک ٹیم نے بھی کوشش کی، جن میں کچھ سرکاری عہدیدار بھی تھے۔ لیکن ان کے مکانات پر سنگ باری کی گئی۔ 'امروز' اخبار کے ایڈیٹر شعیب اللہ خاں کا قتل ہوا۔ ہندوستان کے اخباروں نے دوسرے دن دیکھا کہ حیدرآباد میں آزاد خیال مسلمان محفوظ نہیں ہیں۔

کامریڈ اسوسی ایشن کی سرگرمیوں میں بھی مسلمان شامل تھے۔ سید ابراہیم،

عالم خوندمیری جیسے لوگ کافی سرگرم تھے۔ مخدوم نے ٹریڈ یونین کی بنیاد رکھی۔ فیکٹریوں میں کام کرنے والے مزدوروں کے حقوق کے لئے انہوں نے خوب جدو جہد کی۔ راج بہادر گوڑ اور عاقل علی خاں اسٹوڈنٹ تحریک میں تھے۔ سارے یونین مضبوط ہوتے گئے۔ حیدرآباد کے لئے یہ اچھی بات تھی کہ یہاں عام ہندو۔ مسلمان کے درمیان تعلقات بہت زیادہ خراب نہیں ہوئے۔

دوسری جانب حیدرآباد میں اردو نے بھی لوگوں کا میل جول بنائے رکھنے میں اہم رول ادا کیا۔ حیدرآباد کے عام لوگوں کی زبان اردو ہی رہی ہے۔ تلگو دوسرے مقام پر ہے۔ اس شہر کے گلی کوچوں اور بازاروں میں آج بھی اردو بولی جاتی ہے اور بولی جاتی رہے گی۔

***

۴

ڈاکٹر ایچ راجندر پرساد: ڈاک کے ہرکارہ

سید امتیاز الدین

جب کسی اہم شخصیت کی تعریف کرنی ہو تو ایک مختصر سا جملہ کہا جاتا ہے کہ "ان کا تو کہنا ہی کیا ہے۔ وہ تو اسم بامسمّیٰ ہیں"۔ ہم کو آج تک کسی کے بارے میں ایسا جملہ کہنے کی ضرورت نہیں پڑی تھی کیونکہ اب تک کسی ایسی شخصیت سے ملے ہی نہیں تھے جسے اسم بامسمّیٰ کہا جائے۔

'حیدرآباد جو کل تھا' کے سلسلے میں ہماری ملاقات ایک ایسے صاحب سے ہوئی جو اسم بامسمّیٰ نکلے۔ اس اجمال کی تفصیل یوں ہے کہ حال ہی میں ہماری ملاقات ڈاکٹر ایچ راجندر پرساد سے ہوئی جو چیف پوسٹ ماسٹر جنرل آندھرا پردیش سرکل کے عہدے پر فائز رہ چکے ہیں۔ ہم نے ان کا پورا نام پوچھا تو انھوں نے نام بھی بتایا اور اس کی تفصیل بھی سنائی۔

راجندر پرساد صاحب کے جد امجد ابتداء میں مرہٹواڑہ کے کسی علاقے سے آئے تھے اور گولکنڈہ کے قطب شاہی حکمرانوں کے دربار سے وابستہ ہو گئے تھے۔ دوران ملازمت انھوں نے کوئی ایسا کارنامہ سر انجام دیا کہ بادشاہ نے ان کو جاگیر

سے نوازا اور ساتھ ہی خطاب دیا 'ہرکارہ' جس کے معنی ہوتے ہیں 'خطوط رساں' یا 'پوسٹ مین'۔ اس تاریخ سے ان کے خاندان کے ہر فرد کے نام کے ساتھ 'ہرکارہ' لگا ہوا ہے۔ چنانچہ راجندر پرساد صاحب بھی ہرکارہ راجندر پرساد کہلائے جاتے ہیں۔ قدرت کی کارفرمائی ملاحظہ ہو کہ راجندر پرساد نے اعلی تعلیم حاصل کی حکومت ہند کے مسابقتی امتحان میں منتخب ہوئے اور چیف پوسٹ ماسٹر جنرل کے عہدے پر فائز ہوئے اور اس طرح ملک کے معزز ترین ہرکارے کہلائے۔

راجندر پرساد صاحب نے ورنگل میں اردو ذریعہ تعلیم سے میٹریکولیشن کامیاب کیا۔ کالج کے زمانے میں بھی اردو کو بحیثیت اختیاری زبان برقرار رکھا جس کا نتیجہ یہ ہے کہ اردو ان کی مادری زبان لگتی ہے۔ ویسے تلگو ان کی مادری زبان ہے۔ انگریزی ادب کے ایم اے ہیں اور طالب علمی کی تکمیل انھوں نے انگریزی ادب میں پی ایچ ڈی سے کی۔ یونین پبلک سروس کمیشن کے مسابقتی امتحان میں منتخب ہوئے اور اعلی خدمات انجام دیں۔ آپ کی والدہ کو بھی اردو زبان و ادب سے بہت شغف تھا۔

عثمانیہ یونیورسٹی میں اپنے تعلیمی دور کام ذکر کرتے ہوئے انھوں نے بتایا کہ اس زمانے میں ان کو نہایت قابل اساتذہ سے فیض اٹھانے کا موقع ملا تھا جن میں پروفیسر دورے سوامی، ڈاکٹر شہانے، پروفیسر نعیم الدین صدیقی، پروفیسر سراج الدین اور پروفیسر بی این جوشی قابل ذکر ہیں۔ جب راجندر پرساد ایڈمنسٹریٹو سروس کے لئے منتخب ہوئے تو ان کی ابتدائی ٹریننگ مسوری میں ہوئی جہاں اور ساتھیوں کے علاوہ حامد انصاری صاحب بھی ان کے بیاچ میں تھے جو اندنوں

ہمارے نائب صدر جمہوریہ ہیں۔

جب ہم نے روزنامہ سیاست کے لئے ان کا انٹرویو لینا شروع کیا تو انھوں نے ایک دلچسپ بات یہ سنائی کہ خود وہ ایک بار ٹی وی کے لئے جناب عابد علی خان صاحب مرحوم بانئ سیاست کا انٹرویو لے چکے ہیں۔ 'سیاست' سے اپنی گہری وابستگی کا ذکر کرتے ہوئے انھوں نے جناب زاہد علی خاں صاحب اور مجتبیٰ حسین صاحب سے اپنے دوستانہ مراسم کا ذکر کیا۔

راجندر پرساد صاحب سے ملئے تو اندازہ ہوتا ہے کہ وہ بنیادی طور پر ایک انٹلکچول ہیں۔ ان کو پڑھنے لکھنے سے فطری دلچسپی ہے۔ انھوں نے بتایا کہ ویسے تو ان کا تعلق سنٹرل گورنمنٹ سے تھا لیکن انھوں نے ایک بار چیف منسٹر ایم چنا ریڈی سے درخواست کی کہ وہ ریاستی حکومت کے لئے بھی اپنی خدمات حوالے کرنا چاہتے ہیں۔ چنا ریڈی صاحب نے کہا کہ ریاست کے عہدہ دار سنٹر جانا چاہتے ہیں اور آپ مرکز سے ریاست کو آنا چاہتے ہیں یہ عجیب بات ہے۔ بہرحال ان کی خواہش کی تکمیل اس طرح ہوئی کہ راجندر پرساد کو بحیثیت کمشنر اسٹیٹ آرکائیوز مقرر کیا گیا۔

انھوں نے بتایا کہ نیشنل آرکائیوز دہلی کے بعد اگر سارے ملک میں تاریخی مواد کا غیر معمولی ذخیرہ کہیں ہے تو ریاست حیدرآباد کا یہ محکمہ ہے۔ یہاں پر لاکھوں کی تعداد میں مخطوطات، سرکاری ریکارڈ اور فرامین موجود ہیں۔ فارسی ادب، تلگو اور انگریزی زبانوں میں نہایت بیش قیمت ریکارڈ موجود ہے جس سے عہد گزشتہ کے کئی واقعات کا علم ہوتا ہے۔ کئی آصف جاہی فرامین موجود ہیں جن پر بے شمار اسکالرس ریسرچ کر چکے ہیں۔ خود راجندر پرساد نے ایک اور پی ایچ ڈی کی تکمیل انہی

مخطوطات کی مدد سے کی ہے۔ ان کی ریسرچ کا موضوع تھا "آصف سابع میر عثمان علی خاں کا دورِ حکومت ۱۹۱۴ سے ۱۹۱۹ تک"۔

انہوں نے بتایا کہ آصف سابع کے دور کا یہ انتہائی زرین باب تھا جس میں فرماں روائے سلطنت نے ایک لحاظ سے خود حکومت کی۔ اس کی وجہ یہ تھی کہ جب ۱۹۱۱ء میں میر عثمان علی خاں تخت نشین ہوئے تو مہاراجہ کشن پرشاد یمین السلطنت تھے۔ سال ڈیڑھ سال کے بعد سر سالار جنگ نے ان کی جگہ لی۔ ۱۹۱۴ کے آس پاس انھوں نے بھی عہدے سے دستبرداری اختیار کر لی۔ ۱۹۱۴ سے ۱۹۱۹ تک میر عثمان علی خاں خود امور سلطنت دیکھتے رہے۔ یہ وہ زمانہ تھا جب انگریزی حکومت پہلی جنگ عظیم میں الجھی ہوئی تھی اور اسے ریاست حیدرآباد کے معاملات میں زیادہ دخل اندازی کی فرصت نہیں تھی۔ یہ وہ زمانہ تھا جب کہ خود ریاست کی مالی حالت مستحکم نہیں تھی۔ حیدرآباد مقروض بھی تھا۔

میر عثمان علی خاں نے ریاست کی آمدنی کے ذرائع بڑھائے۔ کسانوں کی حالت سدھارنے کے لئے آب پاشی کی اسکیمات کی منصوبہ بندی کی۔ عثمان ساگر، حمایت ساگر وغیرہ کی تعمیر سے بہت فائدہ پہنچا۔ سر ویشویشوریا اور علی نواز جنگ جیسے ماہر انجینئرس کی بیش بہا خدمات سے ریاست کو بڑی مدد ملی۔ خود عثمانیہ یونیورسٹی کا خواب انہی دنوں شرمندہ تعبیر ہوا۔ جامعہ عثمانیہ ملک کی ایک نمائندہ اور بے مثال یونیورسٹی بن کر ملک کے تعلیمی افق پر ابھری۔ ۱۹۰۸ کی طغیانی کے بعد کئی قدیم مکانات کو نقصان پہنچا تھا۔ نئے محلے وجود میں آئے۔ محکمہ آرائش بلدہ کے زیر اہتمام نئے مکانات کی تعمیر اور کئی نئے محلوں کی منصوبہ بندی کی گئی۔ ریلوے لائن کو

وسعت دی گئی۔ نظامس گیارنٹیڈ ریلوے کی داغ بیل پڑی جس کے لئے مالیہ کی ضرورت تھی۔ سرمایہ کی فراہمی کے لئے لندن میں کمپنی کے حصص بازار میں فروخت ہوئے۔ ابتداء میں ریاست کی ریلوے حیدرآباد سے واڑی تک اور قاضی پیٹ تک تھیں۔ پھر اورنگ آباد تک توسیع ہوئی۔ سر اکبر حیدری کے وزارت عظمی کے زمانے میں نظامس گیارنٹیڈ ریلوے، نظامس اسٹیٹ ریلوے کے طور پر وجود میں آئی۔ انگریزوں سے بہترین تعلقات قائم رکھنے کے لئے میر عثمان علی خاں نے جنگ کی تیاریوں میں بھی ان کی مدد کی۔ فوجوں کے لئے غلے اور رسد سے مدد کی۔ انگریزوں نے انھیں ہز اگزالٹیڈ ہائی نس (HEH) کے خطاب سے نوازا۔

پورے ملک میں کسی فرماں روا کو یہ خطاب نہیں دیا گیا تھا۔ راجندر پرساد نے نواب میر عثمان علی خان کے اس زرین دور پر ریسرچ کی اور اپنے شاندار تعلیمی ریکارڈ میں ایک اور پی ایچ ڈی کا اضافہ کیا۔ ان کی تھیس یعنی پی ایچ ڈی کے مقالے کا عنوان ہے Sunshine and Shadows۔ اجالا اور سائے۔ پتہ نہیں مجھے یہ بات لکھنی بھی چاہئے یا نہیں لیکن راجندر پرساد نے بھی بتایا کہ میر عثمان علی خان ریاست کے لئے اپنے کارہائے نمایاں انجام دے رہے تھے کہ انگریزوں نے اپنا دبدبہ قائم رکھنے کے لئے سر علی امام کو ایک لحاظ سے اپنا نمائندہ اور نگران کار بنا کر بھیجا جو تین سال تک یہاں رہے۔

قدیم حیدرآباد کی قابل قدر شخصیتوں کا ذکر کرتے ہوئے راجندر پرساد صاحب نے نہایت احترام سے سر نظامت جنگ کا نام لیا۔ نظامت جنگ نے انگلینڈ سے بارایٹ لا کیا تھا۔ وہ سروجنی نائیڈو کے تقریباً ہم عمر تھے۔ دونوں میں بہت اچھے

مراسم تھے۔ انھوں نے سروجنی نائیڈوؑ کے والد رگھور ناتھ چٹوپادھیائے سے خانگی طور پر ٹیوشن بھی لیا۔ انگلینڈ سے واپسی پر وہ منصف مجسٹریٹ مقرر ہوئے تھے اس کے بعد چیف سٹی مجسٹرین، رجسٹرار ہائی کورٹ، جج اور بالآخر چیف جسٹس کے اعلی ترین عہدے پر فائز ہوئے۔ ان کی انگریزی کی قابلیت اتنی اعلی پائے کی تھی کہ انگریز بھی معترف تھے۔ اعلی حضرت میر عثمان علی خاں سے بھی وہ قریب تھے۔

حضور نظام کو کبھی ریذیڈنٹ کو کوئی بات کہلوانی ہوتی تو وہ سر نظامت جنگ کو روانہ کرتے۔ سر نظامت جنگ کی شاعری کی انگلستان میں بھی بہت قدر و منزلت ہوئی۔ ظہیر احمد صاحب کے زیر اہتمام نظامت جنگ کا شعری مجموعہ ریاست حیدرآباد کے پرنٹنگ پریس سے شائع ہوا۔ حضور نظام کے پاس اس کتاب کے کئی نسخے تھے۔ اعلی حضرت سے ملاقات کے لئے جب کوئی اہم شخصیت آتی تو وہ اسے نظامت جنگ کی کتاب عنایت فرماتے۔

جب نظامت جنگ انگلستان میں تعلیم حاصل کر رہے تھے تو ان کی صحت ٹھیک نہیں رہتی تھی۔ ڈاکٹروں نے انھیں مشورہ دیا کہ وہ کسی بلند مقام پر اپنا گھر بنائیں اور وہیں سکونت اختیار کریں۔ چنانچہ انگلستان سے واپسی پر انھوں نے نوبت پہاڑ پر اپنے لئے ہل فورٹ تعمیر کروایا۔ جب وظیفے کے بعد سر نظامت جنگ حج بیت اللہ کے لئے گئے تو واپسی پر اُن کو دنیوی زندگی سے دلچسپی نہیں رہی اور وہ زیادہ تر یاد الٰہی میں مشغول رہنے لگے۔ انھوں نے بل فورٹ فروخت کر دینے کا ارادہ کیا تو حضور نظام نے شہزادہ معظم جاہ کے لئے اسے نظامت جنگ سے خرید لیا۔

راجندر پرساد صاحب نے یہ بھی بتایا کہ پولیس ایکشن کے بعد جب جواہر لعل

نہرو حیدرآباد آئے تھے تو انھوں نے سر نظامت جنگ سے ملنے کی خواہش ظاہر کی تھی۔ انھیں بتایا گیا کہ نظامت جنگ گوشہ نشین ہو گئے ہیں اور کہیں آتے جاتے نہیں ہیں۔ راجندر پرساد صاحب نے کہا کہ شاید پنڈت جی خود ان سے ملنے کے لئے گئے تھے۔ قدیم حیدرآباد میں انگریز ریذیڈنٹ کی بیوی نے تحریک کی تھی کہ حیدرآباد پوئٹری سوسائٹی قائم کی جائے۔ اس Poetry Society کے پہلے صدر سر نظامت جنگ تھے۔ یہ سوسائٹی ابھی بھی کارکردہے اور بیگم پیٹ کے قریب اس کی ماہانہ نشستیں ہوتی ہیں۔

انگریزوں کے زمانے سے ہی موسم گرما کے دو مہینوں کے سوا سال میں دس ماہانہ میٹنگس ہوا کرتی تھیں۔ اب تک اس سوسائٹی کی ۷۵۸ میٹنگ ہو چکی ہیں جس سے اندازہ لگایا جا سکتا ہے کہ یہ سوسائٹی تقریباً اسیؔ (۸۰) سال سے قائم ہے۔ اس سوسائٹی کے ماہانہ جلسوں میں سامرسٹ ماہم، ای ایم فارسٹر اور ڈاکٹر کرن سنگھ شرکت کر چکے ہیں۔ اس کے کئی اراکین ضعیف ہو چکے ہیں۔ راجندر پرساد صاحب بھی اس کے ممبر ہیں۔

قدیم ریاست حیدرآباد کے ڈاک کے نظام کے بارے میں راجندر پرساد نے بتایا کہ ریاست کا اپنا محکمہ ڈاک تھا۔ اپنے ڈاک ٹکٹ ہوتے تھے۔ ایک ریاستی سسٹم تھا اور دوسرا برٹش سسٹم۔ بلارم میں برٹش پوسٹ آفس تھا۔ حیدرآباد کی اپنی کرنسی تھی۔ حالی سکہؔ کا چلن تھا۔

حیدرآباد کے کلچر کے بارے میں انھوں نے بتایا کہ اس زمانے میں مروت اور خوش اخلاقی بہت تھی۔ اختلاف میں بھی ایک طرح کا تحمل اور رکھ رکھاؤ ہوتا تھا۔

انھوں نے ایک واقعہ سنایا۔ کوئی صاحب باسط خاں تھے جن سے کسی جائیداد کے سلسلے میں راجندر پرساد صاحب کے انکل سے تنازعہ ہو گیا اور بات مقدمہ بازی تک پہنچ گئی تھی۔ ابھی مقدمہ چل ہی رہا تھا کہ ان کے انکل کے انتقال ہو گیا۔ اختلافات کے باوجود باسط خاں میتؔ میں شریک ہوئے اور پس ماندگان کو پرسہ دیا۔ ایسی رواداری اب کم دیکھنے میں آتی ہے۔

ہم جب انٹرویو لینے پہنچے تھے تو دن کے تین بجے تھے۔ جب بات چیت ختم ہوئی تو رات کے سات بجے تھے۔ اس وقفے میں راجندر پرساد صاحب نے دو مرتبہ چائے پلائی۔ ہم نے سمجھا کہ شاید یہ سوچ کر دو مرتبہ چائے پلا رہے ہوں کہ ہم اگر پہلی چائے سے نہیں گئے تو دوسری چائے کے بعد رخصت ہو جائیں گے۔ لیکن یہ ہماری غلط فہمی تھی۔ راجندر پرساد قدیم حیدرآبادی تہذیب کا نمونہ ہیں اور خوش اخلاقی ان کے مزاج میں داخل ہے۔ آپ بھی ان سے ملیں گے تو خوش ہوں گے۔

***

۵

ڈاکٹر ڈی راجہ ریڈی: نامی گرامی نیوروسرجن

محبوب خان اصغر

عروس البلاد حیدرآباد ایک ایسا مرکز ہے جہاں مختلف شعبہ ہائے حیات سے تعلق رکھنے والے لوگ رہتے ہیں۔ اس شہر کا بنیادی وصف محبت ہے۔ بانی شہر سلطان محمد قلی قطب شاہ اردو کا پہلا صاحب دیوان شاعر تھا۔ اس رعایا پرور بادشاہ نے نہ صرف عوام وخواص کو محبت کا درس دیا بلکہ اردو، فارسی اور تلگو زبان کو اپنی شاعری کا وسیلہ بنا کر زبانوں سے محبت کرنے کا سبق بھی ہمیں دیا۔ حیدرآباد نے چار سو سے زیادہ برس مکمل کر لئے مگر آج بھی حیدرآبادی تہذیب اور کلچر کیلئے شہر حیدرآباد اپنی نظیر آپ ہے"۔ جی ہاں یہ جذبات اور احساسات ڈاکٹر ڈی راجہ ریڈی کے ہیں جو ایک نامی گرامی نیوروسرجن ہیں۔ "حیدرآباد جو کل تھا" کے موضوع پر بات کرنے کیلئے ہم نے ان سے رابطہ قائم کیا تو انہوں نے بخوشی حامی بھرلی۔ جوبلی ہلز میں واقع وسیع وعریض مکان آپ کا مسکن ہے۔ اس جگہ سے متعلق انہوں نے بتایا کہ یہ سارا پہاڑی علاقہ تھا، پتھریلی زمین تھی، پتھروں اور پہاڑوں کو کاٹ کر یہاں بڑی بڑی کوٹھیاں اور حویلی نما مکانات تعمیر کئے گئے۔ بڑے بڑے دواخانے

اور شاپنگ مالز نے اس علاقے کی خوبصورتی میں اضافہ تو کیا ہے مگر معیار زندگی ناقابل برداشت حد تک بلند ہے۔

ڈاکٹر ریڈی نے بتایا کہ اپنے مکان سے تھوڑے سے فاصلے پر واقع کیئر ہاسپٹل میں وہ بحیثیت نیورو سرجن خدمات انجام دے رہے ہیں، اگرچیکہ ان دنوں سرجری ترک کر چکے ہیں مگر متاثرین کا تانتا مشاورت کے لئے لگا ہی رہتا ہے۔ گفتگو کے آغاز میں انہوں نے دکنی تہذیب اور ثقافت سے متعلق کہا کہ یہاں کے باشندے شیر و شکر ہو کر ایک دوسرے کے تہواروں میں شریک ہوتے تھے۔ محرم ایک ایسا تہوار تھا جس کے استقبال کی تیاریاں قبل از وقت ہی شروع ہو جایا کرتی تھیں اور لگ بھگ ایک ماہ سے بھی زائد عرصہ یہ تہوار منایا جاتا تھا۔ آج بھی حیدرآباد میں بلکہ دیہاتوں میں بھی ماہ محرم میں بڑا ہی جوش و خروش پایا جاتا ہے۔ بالخصوص دیہاتی ہندوؤں میں۔ ڈاکٹر ڈیمپی راجہ ریڈی، ڈیمپی رام ریڈی کے فرزند ہیں۔ ان کے والد اور دادا کو اردو اور فارسی زبانوں پر عبور حاصل تھا۔ گھر میں اردو زبان ہی بولی جاتی تھی۔ اپنی زندگی کی بچھتر بہاریں دیکھنے والے ڈاکٹر راجہ ریڈی نے بتایا کہ وہ جنگم پلی میں پیدا ہوئے اور ابتدائی تعلیم وہیں حاصل کی۔ کاما ریڈی ہائی اسکول سے دسویں جماعت کامیاب کرنے کے بعد ۱۹۵۶ میں سٹی سائنس کالج ہائی کورٹ سے انٹر میڈیٹ کی تکمیل کی۔ ۱۹۵۷ تا ۱۹۶۲ گاندھی میڈیکل کالج میں تعلیم پائی جس کا سابقہ نام پیپلز میڈیکل کالج (Peoples Medical College) تھا جسے انوار العلوم ایجوکیشنل سوسائٹی نے شروع کیا تھا۔ آندھرا پردیش کے قیام کے بعد حیدرآباد منقسم ہوا تو حکومت نے مذکورہ کالج کو اپنے تحت چلانا شروع کیا۔

ہندوستان میں ان دنوں نیورو سرجری ترقی یافتہ نہیں تھی۔ سرپرستوں کی ایماء پر انہوں نے سرجیکل میں مہارت حاصل کرنے کی ٹھان لی۔ ۱۹۶۸ تا ۱۹۷۱ کو انہوں نے اپنی زندگی کے یادگار دن بتاتے ہوئے خصوصی طور پر عثمانیہ دواخانے کی شان و شوکت کا تذکرہ کیا اور کہا کہ ادنیٰ سے اعلی آدمی بھی عثمانیہ دواخانہ ہی سے رجوع ہوتا تھا۔ مریض کو مرض سے اور تکلیف سے بچا کر راحت پہونچانا معالج کی اولین ترجیح ہوتی تھی۔ بہترین علاج ہوتا تھا، تمام طبی سہولتیں بالکل مفت میں فراہم کی جاتی تھیں۔ ڈاکٹر بنکٹ چندرا، ڈاکٹر بہادر خان صاحب کا شمار بڑے سرجنوں میں ہوتا تھا جن کا تقرر نواب میر عثمان علی خان نے خصوصی طور پر کیا تھا۔ انہوں نے یہ انکشاف بھی کیا کہ ان کے دادا کا ہرنیا کا آپریشن ۱۹۵۰ میں اور والد کا آپریشن عثمانیہ دواخانے ہی میں ڈاکٹر بہادر خان صاحب نے کیا تھا۔ مکمل علاج مفت میں ہوا تھا۔ دواخانہ ہر اعتبار سے صاف ستھرا ہوا کرتا تھا۔

۱۹۵۷ء میں گاندھی میڈیکل کالج میں ڈاکٹر سباراؤ صاحب، ڈاکٹر پرساد راؤ صاحب اور ڈاکٹر سوامی نرسنگ راؤ صاحب نامور سرجنوں میں شمار کئے جاتے تھے۔ اس زمانے میں جن طلباء نے بھی ان اساتذہ سے تعلیم اور تجربہ پایا کامیابی سے ہمکنار ہوئے۔ انہوں نے بتایا کہ مئی ۲۰۱۴ میں ڈاکٹر گوپال کرشنا کی نگرانی میں ایک کمیٹی تشکیل پائی اور عثمانیہ دواخانے کا دورہ کرنا طے پایا جس کے بعد انہوں نے اس بات پر اظہار تاسف کیا کہ آؤٹ پیشنٹ کی ایک بڑی تعداد مسائل سے دوچار ہے۔ مریض فرش پر پڑے ہوئے ہیں۔ ہر طرف گندگی، کچرا اور عدم صفائی کی وجہ سے تعفن کا احساس بھی ہو رہا تھا۔ Bio Chemistry شعبہ کی ناگفتہ بہ حالت کمزور انتظامیہ کو

ظاہر کر رہی تھی۔ اڈمنسٹریٹر، سوپروائزر کے تساہل سے بہت سارے کام جہاں کے تہاں رکے ہوئے نظر آئے۔ ڈاکٹر راجہ ریڈی نے پرانی یادوں کو تازہ کرتے ہوئے بتایا کہ سابق چیف منسٹر روشیا ایک بار عثمانیہ دواخانہ آئے تھے۔ پرانی عمارت کی زبوں حالی کا مشاہدہ کیا اور چراغ پا ہوئے اور دوسو کروڑ بلڈنگ کی تزئین اور دیگر کاموں کیلئے منظور کئے مگر آج تک نیا پیسہ نہیں ملا۔

۱۹۸۰ میں سی ٹی اسکین وجود میں آیا۔ دوسال بعد ٹاملناڈو میں اور شہر حیدرآباد میں یہی مشین دس سال بعد متعارف ہوئی۔ گذشتہ سال پیش آئے بم بلاسٹ سانحہ کا ذکر کرتے ہوئے انہوں نے بتایا کہ رات سات اور آٹھ بجے کے درمیان پینتالیس زخمیوں کو عثمانیہ دواخانہ لایا گیا مگر سی ٹی اسکین مشین کا بریک داؤن ہو گیا اور ایمر جنسی تھیٹر کام نہیں کر رہا تھا۔ شہر کے اس بڑے ہاسپٹل کی حالت پر اس وقت کے ریاستی وزیر اعلی کرن کمار ریڈی کو میمورنڈم دیا گیا۔ ہیلتھ منسٹر بھی ساتھ تھے۔ مسٹر روشیا نے جس رقم کا اعلان کیا تھا وہ جاری نہیں کی گئی۔ کرن کمار ریڈی کی توجہ کا مرکز اصل میں تروپتی سے پچاس کیلو میٹر کے فاصلے پر واقع ایک ہسپتال تھا جس کیلئے غیر معمولی رقم جاری کی گئی اور معلنہ رقم کی اجرائی عمل میں نہ آسکی۔ یہ تلنگانہ سے تعصب کی مثال ہے کہ اس ریاست میں مسائل کی یکسوئی کیلئے کوئی پیش قدمی نہیں کی گئی اور آندھرا میں دواخانوں کی تعمیر کیلئے کروڑہا روپیوں کی اسکیمات کو روبعمل لایا گیا۔

آصف جاہی دور میں حیدرآباد کی آبادی اور جملہ دواخانوں سے متعلق پوچھے گئے سوال کا جواب دیتے ہوئے انہوں نے بتایا کہ آصف جاہی دور میں ریاست کی

جملہ آبادی ۱،۴۴،۳۶،۱۴۸ تھی اور حیدرآباد ۴،۶۶،۸۹۴ نفوس پر مشتمل تھا جبکہ ۱۵۰ دواخانے تھے۔ عثمانیہ دواخانہ، گاندھی دواخانہ، زچگی خانہ، فیور اسپتال، سروجنی دیوی ہاسپٹل، کان ناک اور حلق (ENT) کا دواخانہ، مینٹل ہاسپٹل جیسے بہترین دواخانے موجود تھے۔ انہوں نے ان تفصیلات کے ساتھ یہ بھی بتایا کہ ان تمام دواخانوں میں عوام، خواص، امیر، غریب سب کو ایک ہی نظر سے دیکھا جاتا تھا۔ ان دنوں ایلوپیتھی اتنی ترقی یافتہ نہیں تھی جتنی کہ آج ہے اسی لئے لوگ یونانی اور آیورویدک کو ترجیح دیتے تھے اور فائدہ بھی حاصل کر لیتے تھے لیکن آج ایلوپیتھی ہی میں منفعت زیادہ بھی ہے اور جلدی بھی۔ نت نئے معائنوں سے پوشیدہ امراض کی نشاندہی آسان ہوگئی ہے جو معالجین کیلئے معاون علاج ثابت ہوتی ہے۔

ڈاکٹر راجہ ریڈی نے ملیریا کی دوا کے موجد سر رونالڈ راس سے متعلق یہ حیرت انگیز انکشاف بھی کیا کہ مذکورہ مرض کی دوا کو دریافت کرنے والا بیگم پیٹ سکندرآباد میں رہائش پذیر تھا۔ یہ ایک بڑا کارنامہ ہے کہ اس نے ملیریا کی دوا کی ایجاد کی جس کی سخت ضرورت تھی بعد میں اسے نوبل پرائز کا مستحق قرار دیا گیا۔ ۱۶ سپٹمبر ۱۹۳۲ کو رونالڈ راس کی وفات ہوئی۔

ڈاکٹر راجہ ریڈی ۱۹۸۳ تا ۱۹۸۸ عثمانیہ میڈیکل کالج میں پروفیسر رہے۔ ۱۹۸۸ تک ۱۹۹۰ نمس ہاسپٹل کے ڈائرکٹر رہے۔ ۱۹۹۰ تا ۲۰۱۴ اپولو ہاسپٹل جوبلی ہلز میں اپنی خدمات انجام دے رہے ہیں۔ انہوں نے بتایا کہ حیدرآباد میں پولیو کے مریضوں کی بڑھتی تعداد سے نظام سرکار متفکر رہا کرتے تھے۔ پولیو سرجری تو تھی ہی نہیں، جس میں بہتری لانا اور ترقی حاصل کرنا ناگزیر ہوگیا تھا۔ نواب میر عثمان

علی خان نے اس ضرورت کو شدت سے محسوس کیا اور ۲۰ ایکڑ زمین دواخانہ کیلئے دینے کا اعلان کیا جس پر نظام آرتھوپیڈک ہاسپٹل تعمیر کیا گیا۔ اس سے متصل نظام ٹرسٹ بھی تھا۔ اس دواخانے میں ہڈیوں کے امراض کے علاوہ دوسرے تمام کیسس بھی دیکھے جاتے تھے۔ حقیقتاً اس دواخانے نے حیدرآباد کی مقبولیت کے گراف کو اٹھایا تھا۔ ڈاکٹر رنگاریڈی، ڈاکٹر وجئے راگھون وغیرہ پر مشتمل ماہرین کی ایک ٹیم تھی جنہوں نے پولیو سرجری کو ڈیولپ کرنے کیلئے اپنی صلاحیتوں کو جھونک دیا تھا۔ اس زمانے میں ہر دواخانے میں علاج مفت ہوا کرتا تھا۔ نظام کے دور حکومت میں تو نہ آمدنی سے متعلق پوچھا جاتا تھا اور نہ ہی پریشان کن سوالات سے مریض کو الجھن میں ڈالا جاتا تھا۔ آندھرا پردیش کی تشکیل کے بعد مہنگائی آئی اور سیاست بھی دبے قدموں دواخانوں میں گھس پڑی۔ تلگودیشم برسراقتدار آئی تو مفت علاج بالکلیہ طور پر ختم ہو گیا۔ سابق چیف منسٹر آنجہانی این ٹی راماراؤ نے مفت علاج پر روک لگادی۔

آروگیہ شری اسکیم آنجہانی راج شیکھر ریڈی نے شروع کی تھی جس کیلئے چودہ سو کروڑ روپئے مختص کئے گئے تھے اس اسکیم سے مستحق افراد کو فائدہ کم اور غیر مستحق افراد کو فائدہ زیادہ ہوا۔ نظام آرتھوپیڈک ہاسپٹل جو آگے چل کر نظام انسٹی ٹیوٹ آف میڈیکل سائنسس (NIMS) ہوا اس میں شعبہ طب کے ماہرین کی ضرورت کو محسوس کرتے ہوئے نواب میر عثمان علی خان نے تمام سہولتوں کے ساتھ تربیت یافتہ ڈاکٹروں کا تقرر کیا جس میں ڈاکٹر بنکٹ چندرا، ڈاکٹر بی کے نائک کے علاوہ اور بھی کئی نامی گرامی ڈاکٹروں نے نمس کا نام روشن کیا ہے۔ حکومت

وقت نے حیدرآباد میں خانگی پریکٹس پر دوبارہ یعنی ۱۹۷۱ میں اور ۱۹۸۳ میں پابندی لگائی تھی تاہم بعد میں پابندی ہٹالی گئی۔ ڈاکٹر راجہ ریڈی نے نکسلائیٹس کے پسندیدہ شاعر چلاآملاآراج کا سترہ گھنٹوں تک کئے گئے آپریشن کو اپنی زندگی کا اہم کام بتایا اور کہا کہ زمانہ طالب علمی میں حصول علم کیلئے وہ اور ان کے ہمعصر بارہ کیلومیٹر کا فاصلہ پیدل طے کرتے تھے۔ میڈیکل کالج کیلئے سیکل ان کی بہترین ساتھی تھی۔ آج سواری کی سہولتوں نے قوت برداشت کو اس قدر کم کردیا ہے کہ معمولی سی زحمت بھی ان کیلئے ناقابل برداشت ہو جاتی ہے۔

ڈاکٹر ڈی راجہ ریڈی نے دماغی امراض پر دوسو پچاس سے زیادہ مضامین لکھے جو ملک اور بیرون ملک میں شائع ہوئے۔ اس طرح انہوں نے بے شمار سرجریاں بھی کیں اور بہت سارے امراض پر قلم بھی اٹھایا۔ انہوں نے بتایا کہ حیدرآباد میں پہلا میڈیکل کالج ۱۸۴۶ میں قائم ہوا۔

پیشہ طب سے وابستگی اور پیشہ ورانہ مصروفیات کے باوجود حیدرآبادی سکوں پر ڈاکٹر ڈی راجہ ریڈی کی تحقیق قابل ستائش ہے۔ مختلف ادوار جیسے مغلیہ دور، آصف جاہی دور میں چلنے والے سکوں کے علاوہ ان ادوار کی بڑی بڑی ٹکسالوں کے متعلق تفصیلات پر مبنی ان کی تصنیف Asaf Jahi Coins – A Guide کو پڑھ کر اس بات کا اندازہ ہوتا ہے کہ حیدرآباد کی تاریخ اور تہذیب سے انہیں کتنی انسیت ہے۔ نیز ان کی یہ کتاب اس اعتبار سے بھی دلچسپ ہے کہ اس میں مختلف حکمرانوں کی میعاد حکومت، ان کے نام اور کام کا مفصل جائزہ لیا گیا ہے۔ B.R. Publishing Corporation نئی دہلی نے اس کتاب کو شائع کیا ہے۔ ہم نے اس پہلو پر گفتگو

کرتے ہوئے ان سے دریافت کیا کہ سکّوں سے متعلق معلومات رکھنا کیوں ضروری ہے ؟ جواباً انہوں نے کہا کہ سکّوں سے متعلق جاننا اس لئے بھی ضروری ہے کہ سکّے اپنے دور کے مظہر ہوتے ہیں۔ سلاطین کے بارے میں معلومات فراہم کرتے ہیں، اس کے علاوہ سرکاری زبان، معاشی حالات، رسم الخط، تاریخی پس منظر، فنون لطیفہ، فائن آرٹس اور مذہب سے متعلق تفصیلات بھی ہمیں ملتی ہیں اور مسالک کا پتہ بھی چلتا ہے۔ جہاں سکّے ڈھالے جاتے ہیں اسے دارالضرب یعنی ٹکسال بھی کہتے ہیں۔ اس دلچسپ موضوع پر بات کرتے ہوئے انہوں نے کہا کہ گولکنڈہ میں دارالضرب ہوا کرتا تھا جہاں سونا چاندی اور تانبے کے سکے ڈھالے جاتے تھے۔ سکے گول، چوکور، موٹے اور پتلے ہوتے تھے۔ بادشاہوں کی تصاویر ان پر ہوا کرتی تھیں۔ انہوں نے بتایا کہ سکے کا چلن ایران سے شروع ہوا تھا اور یہاں سکندر اعظم کے بعد سے سکہ بننا شروع ہوا۔ چارمینار جس کی تعمیر ۱۴۹۱ میں ہوئی در حقیقت حیدرآباد کی اہم نشانیوں میں اس کا شمار ہوتا ہے۔ آصف جاہی حکمرانوں نے سکے کو چارمینار کی تصویر کے ساتھ ڈھالا تھا جو بہت ہی پر کشش تھا اور مشہور بھی۔ دراصل یہ ایک روپئے کا سکہ تھا جس کی ایک جانب نظام الملک آصف جاہ بہادر اور چارمینار کمان کے اندر "م" کا نشان واضح نظر آتا تھا۔

آصف جاہی دور میں بادشاہ محمد شاہ کے دور حکومت میں دہلی، مچھلی پٹنم اور بیجاپور کے ٹکسال میں سکے ڈھالے جاتے تھے جس کی نگرانی محمد شاہ کیا کرتے تھے۔ انہوں نے بتایا کہ وہ سکے آج بھی سالار جنگ میوزیم میں موجود ہیں جو سونے اور چاندی کے بنے ہوئے ہیں۔ انہوں نے اس دلچسپ موضوع پر بلا وقفہ بات کی اور کہا

کہ سکندر جاہ نے ۱۲۳۹ ہجری میں حیدرآباد منٹ میں جو سکے ڈھالے اس پر اپنے نام کا پہلا لفظ یعنی "س" کندہ کروایا۔ اسی طرح ناصر الدولہ نے اپنے دور اقتدار میں حیدرآباد منٹ میں جو سکے ڈھالے تھے اس پر "ن" درج تھا جو سونے اور چاندی کے بنے ہوتے تھے۔ ڈاکٹر راجہ ریڈی اپنے پیشے سے بالکل مختلف موضوع پر بات کر رہے تھے انہوں نے قدیم حیدرآباد کے چارمینار والے سکے سے متعلق بتایا کہ اس کی ایک جانب میر محبوب علی خان آصف جاہ ششم یعنی "م" اور دوسری طرف نواب میر عثمان علی خان آصف سابع یعنی "ع" کے ساتھ دونوں سمت چارمینار ہوتا تھا۔ یہی سکہ بعد میں بوستان آصفیہ کے نام سے مشہور ہوا۔ ایک روپیہ اور آٹھ آنے سے متعلق ہمارے سوال کا جواب دیتے ہوئے انہوں نے بتایا کہ ایک روپئے کا سکہ ۱۹۰۴ سے شروع ہوا، آدھا روپیہ یعنی آٹھ آنے یا اٹھنی کا ۱۹۱۰ میں چلن شروع ہوا۔ چونی ۱۹۰۵ میں چلنے لگی۔ پیسہ اور دھیلا یعنی ایک پائی ۱۹۰۹ میں شروع ہوئی۔ کلدار برٹش سکے کو کہا جاتا تھا اور حالی سکہ ہمارا اپنا تھا۔ ۱۹۵۶ کے آس پاس میں آندھرا کے قیام کے بعد NP کا رواج شروع ہوا۔ حیدرآباد جو کل تھا کے موضوع پر بات کرتے ہوئے انتہائی مسرور ڈاکٹر ڈی راجہ ریڈی نے بتایا کہ ٹکسال کے نگران کو مہتمم یا منٹ ماسٹر کہا جاتا تھا جب تک سلطان شاہی میں ٹکسال قائم تھی مہدی یار جنگ منٹ ماسٹر تھے۔ ہمارا سوال تھا کہ ٹکسالیں سرکاری ہوتی تھیں یا خانگی؟ جواباً انہوں نے کہا کہ بے شمار خانگی ٹکسالیں ہوا کرتی تھیں۔ سالار جنگ نے اُنھیں مسدود کر دیا اور غیر مجاز طور پر چلائی جانے والی ٹکسالوں کے خلاف قانونی کارروائی کا عمل شروع ہوا اور صرف منظور شدہ ٹکسال میں سکے ڈھالے جانے لگے۔

حیدرآباد میں سب سے پہلے منٹ کب اور کس نے قائم کیا اس سوال کا جواب دیتے ہوئے انہوں نے بتایا کہ حیدرآباد میں سب سے پہلے سکندر جاہ نے ۱۸۰۳ میں قدیم رائل پیالس سلطان شاہی میں قائم کیا۔ بعد میں ۱۸۳۹ میں قدیم رائل پیالس سے یہ ٹکسال دارالشفاء سے متصل میونسپل کارپوریشن آف حیدرآباد کی بلڈنگ میں منتقل ہوگئی۔ حیدرآباد کے تاریخی سکوں پر گہری نظر رکھنے والے ڈاکٹر راجہ ریڈی نے کہا کہ حیدرآباد کی تاریخ بڑی ہی عظیم ہے اور حیدرآباد کا ماضی بڑا ہی روشن ہے۔ یہاں کی فضاؤں میں مرشیہ بھی گونجتا ہے، بتکماں کا شور بھی انگڑائیاں لیتا ہے اور دیش بھگتی میں ڈوبے ہوئے گیت بھی ہماری سماعتوں میں رس گھولتے ہیں۔ تعصب کی وباء سے پاک حیدرآباد جو کل تھا اس میں رعایا کو خوش رکھا جاتا تھا۔ آج یہ ماحول حیدرآباد کے منظر نامے سے غائب ہو گیا ہے۔ خوف، دہشت، ہراس اور اجنبیت آج ہماری میراث بن گئے ہیں۔

***

۶

وسنت کمار باوا: ڈائرکٹر آرکائیوز

پروفیسر بیگ احساس

وسنت کمار باوا کا تعلق صوبہ پنجاب سے ہے۔ ان کی ننھیال کا تعلق فیروزپور سے ہے۔ ان کے نانا فیروزپور کے ایک چھوٹے زمین دار تھے۔ وی کے باوا فیروزپور ہی میں ۱۹۳۰ میں پیدا ہوئے۔ بچپن پنجاب میں گزرا۔ نانی کا انتقال ہوا تو ان کی عمر صرف سات برس تھی۔ وہ پونا آ گئے جہاں ان کے ماں باپ تھے۔ ان کے دادا پونا کے تھے۔ بحرین اور ایران میں عیسائی راہب رہ چکے تھے۔ وی کے باوا نے پونا ہی میں تعلیم حاصل کی۔ ۱۹۵۰ میں فل برائٹ اسکالرشپ پر امریکہ گئے۔ تین چار سال جارج ٹاؤن یونیورسٹی میں پڑھ کر ۱۹۵۴ء میں واپس آئے۔ آئی اے ایس کا امتحان کامیاب کرنے کے بعد ان کا الاٹمنٹ آندھرا کیڈر میں ہوا۔ ۱۹۵۴ میں کاکی ناڈا، مشرقی گوداوری پھر نرساپور، مغربی گوداوری میں سَب کلکٹر رہے۔ ۱۹۵۶ء میں حیدرآباد تبادلہ ہوا۔ یہاں بھی سب کلکٹر رہے اور پھر ڈائرکٹر آرکائیوز بنے۔ ہمارے سوال کے جواب میں کہ انھوں نے ڈائرکٹر، آرکائیوز بننا کیوں پسند کیا۔ انھوں نے فرمایا کہ ان کے فیملی فرینڈ پیٹر گوئین جو انگریز تھے ان کی درخواست پر

اس عہدے کو قبول کیا۔ وہ جانتے تھے کہ ان کی دلچسپی ریسرچ میں زیادہ ہے۔ انھوں نے بتایا کہ یہ محکمہ دفتر دیوانی کہلاتا تھا۔ لوگ اردو نام دفتر دیوانی حیدرآباد سے باہر نہیں جانتے تھے۔ حالانکہ دفتر دیوانی، دفتر مال صحیح نام تھے۔ ہم نے نیشنل آرکائیوز کی مناسبت سے اس کا نام بدل کر آرکائیوز رکھا۔ انھوں نے بتایا کہ اس محکمے کے قیام کی ایک بڑی وجہ یہ تھی کہ اورنگ زیب کے زمانے کے اہم کاغذات قلعہ ایرک میں ملے۔ یہ کاغذات دفتر دیوانی بھیجے گئے۔ اس کے لئے دفتر دیوانی نام مناسب نہیں تھا۔ دفتر دیوانی نظام کا ہے اور مغل آرکائیوز بہت بڑی تعداد میں تھے۔ حیدرآباد میں مغلوں کی بہت عزت تھی۔ ایک تجویز یہ بھی رکھی گئی کہ الگ سے دفتر بنایا جائے۔ یہ ریکارڈ الگ سے رکھ دیں۔ فارسی ریکارڈ الگ رکھے جائیں۔

ہم نے کہا کہ آرکائیوز ہی میں ریسرچ کے طریقے پر فارسی ریکارڈ رکھنا چاہئے۔ ہمارے سوال کے جواب میں انھوں نے کہا کہ آرکیالوجی اور آرکائیوز دو مختلف محکمے ہیں۔ حیدرآباد میں آرکیالوجی کے بانی غلام یزدانی تھے ان کا آرکائیوز سے کوئی تعلق نہ تھا۔ غلام یزدانی دلی کے تھے، بہت پڑھے لکھے قابل آدمی تھے۔ سر اکبر حیدری نے انھیں یہاں بلایا اور سپر نٹنڈنٹ بنایا۔ غلام یزدانی نے دانستہ یا نادانستہ جو کام کئے وہ بہت اہم ہیں۔ انھوں نے یادگاریں محفوظ کیں، ریموز ٹامب، ریموز گن فاؤنڈری، جو عمارتیں استعمال میں تھیں، نظام کالج، ویمنس کالج ان پر توجہ دی اور بھی کئی کام کئے ہیں۔ اصل میں حیدرآباد میں جن لوگوں نے زیادہ کام کیا ان میں اکثر باہر کے تھے۔ ہم نے ان سے پوچھا کہ آرکائیوز کے لئے انھوں نے کیا کارنامے انجام دیئے۔ انھوں نے بتایا کہ اسٹاف کو ہم نے ٹریننگ کے لئے نیشنل آرکائیوز، نئی

دہلی بھیجا۔ کاغذات کو محفوظ کرنے کے لئے ٹریننگ دی گئی۔ میرے زمانے میں فہرست سازی کا کام ہوا۔ پروفیسر نورالحسن جو علی گڑھ مسلم یونیورسٹی کے ڈائرکٹر آف ہسٹاریکل ریسرچ تھے حیدرآباد آئے۔ دین یار جنگ کا یہ طریقہ تھا کہ وہ لوگوں کو ناشتے پر مدعو کرتے تھے۔ انھوں نے نورالحسن صاحب سے میری میٹنگ رکھی۔ اس لئے محکمہ آرکائیوز کو اہمیت حاصل ہوئی۔ نورالحسن صاحب کئی بار آئے۔ منسٹر بننے کے بعد بھی وہ کبھی کبھار آتے رہے۔ وہ پورا انڈیا دیکھتے تھے۔ شخصی دلچسپی دکھائی انھوں نے! پروفیشنل ریسرچ کے لئے ہم نے لوگوں کو تیار کیا۔ آرکائیوز سپرنٹنڈنٹ کی بجائے اسسٹنٹ ڈائرکٹر کا پوسٹ بنایا گیا۔ نئے لوگوں کے تقرر ہوئے۔ پرانے لوگ کوالیفائیڈ نہیں تھے، لیکن انھیں تجربہ تھا۔ ڈائرکٹر آرکائیوز کا عہدہ باوقار تھا۔ ایک پوزیشن تھی۔ بعد میں وہ اہمیت باقی نہیں رہی۔ آندھراپردیش گورنمنٹ کو اس محکمے سے دلچسپی نہیں تھی۔ میرے ماتحت ڈاکٹر ضیاء الدین احمد شکیب اور ڈاکٹر ایم اے نعیم نے کام کیا۔ ڈاکٹر رمیش IAS مجھ سے سینئر تھے۔

وہ بھی بہت دلچسپی لیتے تھے۔ میرے بعد اس پوسٹ پر بیوروکریٹک تسلسل کے ساتھ سینیارٹی کے لحاظ سے لوگ بھیجے گئے، لیکن انھیں آرکائیوز سے کوئی تعلق نہ تھا۔ آرکائیوز کی وجہ سے مجھے ہسٹری میں بہت دلچسپی پیدا ہوئی کیوں کہ میں پی ایچ ڈی تھیسس لکھ رہا تھا۔ میرا مقالہ تولین یونیورسٹی امریکہ کے لئے تھا۔ انھوں نے کہا تھا کہ کوئی موضوع حیدرآباد یا ہندوستان پر لیجئے ہم آپ کی مدد کرسکتے ہیں۔ سفر خرچ کے طور پر ریسرچ گرانٹ بھی مل سکتی ہے۔ میں نے کہا کہ میں سالار

جنگ مختار الملک پر کام کروں گا۔ حالانکہ موضوع پولیٹکل سائنس کا تھا لیکن ہسٹری سے بھی متعلق تھا۔ میں نے کوشش کی کہ کتاب تنقیدی نقطہ نظر سے لکھی جائے اور تجزیاتی مطالعہ پیش کیا جائے۔ جہاں تک یاد ہے اس زمانے میں بہت کم کتابیں حیدرآباد پر تھیں۔ بعض پرانے زمانے میں لکھی گئی تھیں جیسے ہسٹری آف دی نظام وغیرہ۔ افسوس کہ میں اپنی کتاب جلد شائع نہ کرواسکا۔ برسوں بعد چھپوایا۔ سروس میں تھا اس لئے دوسرے کاموں میں الجھ گیا۔ برسوں بعد "دی لاسٹ نظام" لکھی۔ اس میں بے شمار انٹرویوز ہیں۔ ہم نے پوچھا کہ انھیں حیدرآباد میں دوسرے شہروں سے الگ کیا لگا۔ انھوں نے کہا کہ فیروزپور تو چھوٹی جگہ تھی، لاہور بہت کم جانے کا اتفاق ہوا۔ کبھی کبھار جایا کرتا تھا۔ پونا سے زیادہ تاریخ کا اثر میں نے حیدرآباد میں دیکھا۔ ۱۹۵۶ تک حیدرآباد اسٹیٹ تھا۔ آندھرا پردیش نہیں بنا تھا۔ اس شہر کی خاص آئیڈیالوجی تھی۔ یہاں مہاراشٹرین بھی تھے، میں نے جو کتاب نظام پر لکھی اس میں ذکر کیا ہے۔ پورے ہندوستان میں اتنی بڑی دیسی ریاست کوئی اور نہیں تھی۔ مجھے اس بات سے اختلاف ہے کہ یہ مسلم اسٹیٹ تھی۔ حالانکہ نظام مسلمان تھے لیکن سرکاری طور پر مسلم اسٹیٹ نہیں تھی۔ آخری دنوں میں میر عثمان علی خان نے دوسروں کے دباؤ کی وجہ سے مشہور کیا لیکن آفیشیلی یہ بات نہیں تھی۔ یہاں ہندو، مسلم، سکھ، عیسائی سب ایک تھے۔ ان میں کوئی فرق نہیں تھا۔ لیکن عثمان علی خان نے سیاسی وجوہات کی بنا پر جناح کی طرفداری کی حالانکہ جناح خود بوہرہ تھے یا کچھ اور، ایسے کٹر مسلمان نہیں تھے۔ عثمان علی خان نے جناح سے دوستی کی، میں نہیں مانتا کہ حیدرآباد مسلم اسٹیٹ کبھی تھی۔

عثمان علی خان کے کچھ مشیر تھے۔ باہر کے لوگ تھے جو کوشش کر رہے تھے کہ حیدرآباد کی مسلم شناخت ہو۔ سر علی امام ان میں نہیں تھے وہ تو کافی پڑھے لکھے اور قابل آدمی تھے، بہار کے تھے۔ سر اکبر حیدری گجرات سے تھے۔ بہت کمیٹڈ اور قابل تھے۔ قاسم رضوی زیادہ طاقتور تھے۔ بہادر یار جنگ کے انتقال کے بعد کافی طاقتور ہو گئے تھے۔ بہادر یار جنگ تو بہر حال پڑھے لکھے آدمی تھے لیکن قاسم رضوی تو ایک معمولی وکیل تھے۔ میں نے اپنی کتاب میں بھی لکھا ہے کہ قاسم رضوی کو بڑھاوا دے کر نظام نے غلطی کی۔ انگریزوں نے ہندوستان چھوڑنے سے پہلے یہ شوشہ چھوڑا کہ ریاستیں آزاد رہ سکتی ہیں۔ انگریزوں نے یہ تاثر دیا کہ وہ خوشی سے ہندوستان چھوڑ رہے ہیں مجبور ہو کر نہیں۔ نظام نے نہ صرف آزاد رہنے کی کوشش کی بلکہ علاقہ برار بھی واپس لینا چاہتے تھے۔ یہ بالکل غیر حقیقی توقعات تھیں۔ ایک گروپ نے ان کو آمادہ کیا تھا۔ برار ایک زمانے سے انگریزوں کے پاس تھا۔ ۱۸۵۳ سے جس سال سالار جنگ پہلی بار دیوان کے عہدے پر آئے۔ اس سال سے ۱۹۴۷ تک انگریزوں کے قبضے میں رہا۔ یہ نظام کی پراپرٹی تھی جو برٹش کے کنٹرول میں تھی۔ انگریزوں کو برار سے دلچسپی یہ تھی کہ اس میں کاٹن بہت ہوتا تھا۔ دوسرے دلی، بمبئی، ریولے لائن گزرتی تھی۔ انڈین گورنمنٹ برار انگریزوں سے واپس لینا چاہتی تھی نہ کہ نظام کو واپس دینا۔ نظام کو سیاست کی زیادہ سمجھ نہیں تھی۔ یہ ایک طرح سے غیر حقیقی توقعات تھیں۔ دوسری ریاستوں کے سربراہ جیسے نواب آف بھوپال، مہاراجہ بیکانیر، مہاراجہ میسور وغیرہ پڑھے لکھے تھے۔ ان کا وژن تھا۔ نظام کبھی حیدرآباد سے باہر نہیں گئے۔ شاید ایک بار کلکتہ گئے

تھے اور ایک بار دہلی گئے۔ ولایت بھی نہیں گئے۔ ان کے پاس کھُلا پن نہیں تھا۔ خود کو بہت زیادہ اہمیت دیتے تھے چنانچہ جناح وغیرہ سے ملاقات کے سلسلے میں ان لوگوں کو ناراض کیا۔ جب ملک کی تقسیم ہوئی تو انھوں نے زیادہ اہمیت نہیں دی۔ انگریز واپس چلے گئے تھے۔ نظام نے ایک وفد UNO بھیجا اس سے بھی ہندوستانی حکومت ناراض ہوئی۔ یہ ان کی خام خیالی تھی کیونکہ حیدرآباد کبھی آزاد نہیں رہا۔ صرف پہلے نظام کے زمانے میں ۱۷۷۴ تا ۱۷۸۰ء شاید آزاد تھا۔ وہ مغلوں کا دور نہیں تھا۔ ۱۸۵۷ کے بعد سے برٹش کی حکمرانی رہی۔ کبھی آزاد نہیں رہا۔

یہاں اچھے لوگ زیادہ دنوں تک رہ بھی نہ سکے۔ سالار جنگ جب ۱۸۷۶ میں ولایت گئے تھے۔ انھوں نے اگھورناتھ چٹوپادھیائے کا نام سنا جو اڈمبرا میں تھے۔ انھوں نے انھیں حیدرآباد بلوایا۔ وہ سائنٹسٹ تھے۔ نظام کالج کے پرنسپل کا عہدہ دیا گیا۔ عام تاثر یہ ہے کہ نظام کالج انھوں نے بنایا۔ لیکن یہ صحیح نہیں ہے وہ بہت کم دن رہے۔ بہت جلد کلکتہ چلے گئے۔ ان کی ایک اہمیت تھی اگر زیادہ دن رکتے تو حیدرآباد کے لئے اچھا ہوتا۔ ان کے بیٹے ہریندر ناتھ چٹوپادھیائے بہت بڑے لیکھک تھے۔ بیٹی سروجنی دیوی شاعرہ تھیں۔ قومی لیڈر تھیں لیکن تھنکر نہیں تھیں۔

۱۹۹۶ میں حکومت ہند نے ایک ہریٹیج کمیٹی بنائی تھی جس میں شراون کمار، شیوکمار وغیرہ تھے۔ ایس پی شورے بنگال کے پنجابی تھے۔ HUDA، (Hyderabad Urban Development Authority) میں ان کا تقرر ہوا۔ ۱۹۷۰ میں وائس چیرمین آف حدا ہوئے۔ انھوں نے ہیریٹیج کو محفوظ کرنے کی

کوشش کی تھی۔ پرنسس اسریٰ قابل تعریف ہیں۔ ان کا تعلق ترکی سے ہے لیکن یہاں کی عمارتوں میں دلچسپی لے رہی ہیں وہ مکرم جاہ کی پہلی بیوی ہیں۔ اب تو طلاق ہوگئی۔ چومحلہ پیالیس ان کے مہر میں آیا تھا۔ وہ اس کی دیکھ بھال کر رہی ہیں۔ ایک اور خاتون انورادھا نائک ان کے ساتھ کام کر رہی ہیں جو ڈاکٹر سدھیر نائک کی صاحبزادی ہیں۔ ان کے علاوہ کشن راؤ ہیں۔ وہ لوگوں کو بلاتی ہیں، مکرم جاہ کی دوسری بیویوں کے بچے بھی آتے ہیں۔ فلک نما کو بھی انھوں نے محفوظ کر دیا۔ ہریٹیج کو محفوظ کرنے میں زیادہ دلچسپی لینے کی ضرورت ہے۔ ہم نے دکن ہیریٹیج قائم کیا۔ حیدرآباد کے پرانے اور نئے روشن خیال لوگوں کو آگے آنا چاہئے۔ حیدرآبادی کچھ نہیں کرتے جو بھی کرتے ہی وہ زیادہ تر باہر کے علاقوں کے لوگ ہیں۔ اگر کوئی کچھ کرتا ہے تو اس کے متعلق کہتے ہیں کہ وہ تو باہر کا ہے وہ کیا جانتا ہے۔ اس رویے کو بدلنے کی ضرورت ہے۔ آوٹ سائیڈر کہہ کر کسی پر الزام عائد کرنا غلط ہے۔ اب تو تلنگانہ اسٹیٹ بن گیا ہے۔ چیف منسٹر نے سلطان بازار اور اسمبلی سے میٹرو لائن شفٹ کرنے کی بات کی ہے۔ یہ ایک خوش آئند بات ہے۔ سلطان بازار اور ریذیڈنسی بازار بہت پرانا ہے۔ تقریباً سو سال پرانا ہے۔ ہم نے پوچھا کہ کیا لندن کی طرح حیدرآباد کے بھی بعض محلے محفوظ کئے جاسکتے تھے۔ انھوں نے کہا کہ خانگی جائیداد کو محفوظ کرنے کے لئے اراضی کا حصول ضروری ہوتا ہے۔ یہاں یہ ممکن نہیں ہے۔ اب تلنگانہ بن گیا ہے تو اچھی توقعات رکھی جاسکتی ہیں۔

***

۷

منی کونڈہ وید اکمار: صدر بہتر حیدرآباد فورم

محبوب خان اصغر

حیدرآباد دکن کی روایات و اقدار کی پاسداری اور آباء و اجداد کی یادوں کے ساتھ زندگی گذارنے والی شخصیت کا نام ایم وید اکمار ہے۔ "حیدرآباد جو کل تھا" کے موضوع پر ان سے ہوئی گفت و شنید کی تلخیص قارئین سیاست کیلئے پیش کی جارہی ہے۔ "میں ۵ اگست ۱۹۵۲ کو ضلع میدک میں پیدا ہوا اور دسویں جماعت تک پریگناپور ضلع میدک تلنگانہ میں تعلیم حاصل کی۔ پی یو سی جامعہ عثمانیہ سے کرنے کے بعد میسور یونیورسٹی سے انجینئرنگ کی تکمیل کی جبکہ اربن اینڈ ریجنل پلاننگ کورس JNTU کوکٹ پلی سے کیا۔ آنجہانی بھوپتی راؤ میرے والد تھے جن کا انتقال ۱۹۹۳ میں اس وقت ہوا جب کہ ان کی عمر اسّی برس تھی۔ میں اس وقت ۶۳ برس کا ہوں۔ فورم فار اے بیٹر حیدرآباد (FORUM FOR A BETTER HYDERABAD) کا صدر ہوں، اس کے علاوہ ایسے متعدد اداروں سے بھی منسلک ہوں جو حیدرآباد میں فلاحی کام انجام دے رہے ہیں۔

قدیم حیدرآباد کی بابت گفتگو کرتے ہوئے میرے ذہن و دل کے دروازے

کھل گئے ہیں اور یادیں تاک جھانک کر رہی ہیں۔ اگرچہ ہم گاؤں میں رہتے تھے مگر وہاں بھی حیدرآباد کی دھڑکن سنتے تھے۔ بچپن گاؤں میں گذرا اور اس زمانے ہی سے ہمارے کافی رشتہ دار حیدرآباد میں رہا کرتے تھے۔ تعطیلات میں آتے تو ہفتہ دو ہفتہ ان کے ہاں قیام رہتا تھا مگر پہلے دن ناملی سرائے خانہ میں ٹھہرنے ہی کو ترجیح دی جاتی تھی تاکہ اس بہانے ناملی ریلوے اسٹیشن کے باہر کی دنیا کو دیکھ سکیں۔ گاؤں کی حالت ان دنوں ابتر تھی اور ان دنوں کی مناسبت سے حیدرآباد ہمارے لئے ترقی یافتہ تھا۔ رکشے کے گھنگھرو، ٹیکسی، تانگے، گھوڑے، اسٹیشن سے آنے والی ریل کی سیٹی، یہ سب آنکھوں اور کانوں کو بھلا لگتا تھا۔ نل کا پانی بالٹی میں گرنے سے جو آواز پیدا ہوتی تھی وہ کانوں کو اچھی لگتی تھی۔

گاؤں سے حیدرآباد شہر کا تقابلی جائزہ لینے پر پتہ چلتا ہے کہ گاؤں میں چراغ جلا کرتے تھے اور یہاں بلب اور ٹیوب لائٹ جلا کر روشنی حاصل کی جاتی تھی۔ ایرانی ہوٹل اور ایرانی چائے نے حیدرآباد کو بہت مقبولیت بخشی۔ کریم نگر سے حیدرآباد آتے تو اکثر کنٹونمنٹ علاقے میں گھومنے کا اتفاق ہوتا تھا۔ بلارم، ماریڈ پلی، تاڑبن، بوئن پلی، کوم پلی، کوکٹ پلی، پیراڈائز وغیرہ سے ہمارا بہت گہرا تعلق ہے۔ نرساپور میں ہماری جائیداد ہے۔ ہمارے آباء و اجداد کا کاروباری سلسلے میں حیدرآباد آنا جانا رہتا تھا۔ معظم جاہی مارکیٹ، افضل گنج، دیوان دیوڑھی، سالار جنگ میوزیم، حسین ساگر ان تمام مقامات کو عبور کرنے کے بعد ہی ہم حیدرآباد پہنچ پاتے تھے اور املی بن بس اسٹانڈ پر اترتے تھے، جس کا نیا نام مہاتما گاندھی بس اسٹانڈ ہے، جو غالباً ایشیا کا سب سے بڑا بس اسٹانڈ ہے، جہاں سے مختلف اضلاع کو جانے کیلئے بسیں تیار کھڑی

ملتی ہیں۔ اس کے علاوہ سکندرآباد میں جوبلی بس اسٹانڈ بھی ہے اور یہاں سے بھی عوام کی سہولت کیلئے بسوں کا بہترین انتظام ہے۔

میں جب اپنے سرپرستوں کے ہمراہ حیدرآباد آتا تھا تو ناپملی ریلوے اسٹیشن کو جیسا پاتا تھا آج بھی ویسا ہی ہے۔ اسٹیشن کی عمارت جوں کی توں ہے، البتہ آج کل کمپاونڈ وال کے ذریعہ عمارت کی حصاری بندی کرلی گئی ہے۔ ریزرویشن کامپلکس، پارکنگ کے انتظامات اچھے ہیں البتہ سرائے خانہ ان دنوں ناگفتہ بہ حالت میں ہے۔

یہاں قطب شاہی دور سے آصف جاہی دور تک کی تمام عمارتیں موجود ہیں۔ مشہور اور مشاق آرکیٹکٹ کی خدمات حاصل رہیں اور اعلیٰ قسم کا میٹریل قدیم عمارتوں میں شامل رہا جس کی وجہ سے آج بھی ان عمارتوں کی وہی آن بان اور شان ہے جو پہلے تھی البتہ کچھ عمارتیں مخدوش ہوگئی ہیں۔

آندھرا پردیش ریاست بننے کے بعد حیدرآباد کی تاریخ اور تہذیب سے عدم واقفیت کی بنا پر قدیم تاریخی عمارتوں کو غیر اہم سمجھا گیا۔ انہیں بچانے اور سنوارنے کیلئے منصوبہ بندی اور حکمت عملی اختیار کرنے کی ضرورت تھی اس کے بجائے انہدامی کارروائیاں کرکے کئی منزلہ عمارتیں بنا کر روپیہ کمانے کیلئے سازشیں کی گئیں۔ حیدرآباد ہندوستان ہی میں نہیں پوری دنیا میں جانا جاتا ہے۔ ساری دنیا سے سیاحوں کا ہجوم سیاحت کیلئے آتا ہے۔ سب ہی نے حیدرآباد کی معاشرتی زندگی کی سراہنا کی ہے اور اس شہر کو ایک اہم اور خوبصورت شہر کے طور پر قبول کیا ہے۔ آنجہانی پنڈت جواہر لال نہرو سابق وزیراعظم ہند نے حیدرآباد کا دورہ کرنے کے بعد اپنے خوشگوار تاثرات ظاہر کرتے ہوئے کہا تھا کہ یہاں ہندوستان کی تمام

تہذیبوں کا سنگم پایا جاتا ہے۔

نواب میر عثمان علی خان آصف سابع نے قطب شاہی اور آصف جاہی دور کی تمام یادگاروں کی حفاظت کیلئے حتی الامکان سعی کی اور شہر کی تزئین نو کیلئے آرٹ، کلچر اور تہذیب پر زیادہ زور دیا۔ انہوں نے جامعہ عثمانیہ کی داغ بیل ڈالی، لیکن اس سے قبل اعلی حضرت نے ساری دنیا کی دس تا پندرہ جامعات کا جائزہ لیا۔ ڈیزائن، کلاس روم، برآمدے، دروازے، چوکھٹیں اور اس کے راستے نیز فرنیچر، لیبارٹریز، گرین کور (Green Cover) یعنی ہریالی اور درختوں کے جھنڈ اور اوپن ایریا، بین الاقوامی شہرت کی حامل جامعہ عثمانیہ کی ہر چیز میں نزاکت کے ساتھ نفاست ہے۔ دوسری جامعات سے اس کا تقابل کریں تو یہی جامعہ پر کشش معلوم ہوتی ہے جو، حیدرآباد دکن کی شناخت ہے۔ اردو کے بہترین کورس کے ساتھ تعلیم کا آغاز ہوا، یہ دکن پر اعلی حضرت کا ایک بڑا احسان ہے۔

ایم ویدا کمار نے بتایا کہ شہر کا جغرافیہ بھی قابل تعریف ہے۔ دونوں شہروں کے وسط میں حسین ساگر ہے، جس کے نیچے سکندرآباد ہے اور اوپری حصے پر حیدرآباد ہے۔ عثمانیہ یونیورسٹی تو بالکل بالائی حصے پر کھڑی ہے اور ماضی میں اس سے وابستہ سٹی سائنس کالج، سٹی کالج، سکندرآباد کالج، ویویک وردھنی کالج، سیف آباد کالج وغیرہ میں تعلیم کا معیار بہت بلند تھا

۱۹۰۸ء میں رود موسیٰ کی طغیانی کے بعد اعلی حضرت کی دور اندیشی کے سبب ہی کچھ تالاب وجود میں آئے، لیکن اس سے قبل طغیانی کے سبب پیش آئے نقصانات کا اندازہ کرنا بھی مشکل تھا۔ تقریباً بیس ہزار جانیں تلف ہوئیں، کئی

عمارتیں منہدم ہو گئیں۔ املاک کو شدید نقصان پہونچا۔ حضور نظام میر محبوب علی خان کی ایماء پر شاہی محل کے گیٹ کھول دئے گئے۔ انھوں نے متاثرین کی ہر طرح سے امداد کیلئے اپنے خزانے کا منہ کھول دیا۔ لنگر کا نظم کیا، کمبل اور کپڑے تقسیم کئے اور بے گھروں کے لئے عارضی سائبان کا انتظام کیا۔ مستقبل میں ایسی آفات سماوی سے نپٹنے کیلئے نواب میر عثمان علی خان نے ۱۹۲۰ میں عثمان ساگر اور ۱۹۲۷ میں حمایت ساگر تعمیر کروائے۔

وید اکمار کے مطابق عثمانیہ دواخانہ سے متصل افضل پارک ہوا کرتا تھا جس کی تاریخی حیثیت تھی۔ بیرونی سیاح جب بھی حیدرآباد کا رخ کرتے چارمینار اور دوسری تاریخی عمارتوں کے علاوہ افضل پارک ضرور جاتے، جس کا داخلہ پولیس اسٹیشن کے بازو ہی تھا۔ وہیں پر املی کا درخت بھی ہے جسے غیر معمولی شہرت حاصل ہے اس کی شہرت کی وجہ یہ ہے کہ موسیٰ ندی کی طغیانی کے وقت اس درخت پر لگ بھگ ایک سو پچاس افراد چڑھ گئے اور اپنی جانیں بچا پائے اور وہ املی کا درخت ہنوز ایستادہ ہے۔ ۲۰۰۸ میں طغیانی آئے سو سال ہوئے تھے اور ہم نے اس درخت کے پاس ہی ایک یادگار پروگرام منایا اور سب کو خراج عقیدت پیش کی تھی۔ بہت سی تاریخی اہمیت کی حامل جگہیں صرف دولت بٹورنے کی خاطر ہاتھ سے نکل گئیں ان میں ایک افضل پارک بھی ہے۔

۱۹۱۱ میں نواب میر محبوب علی پاشا گذر گئے اور عنان اقتدار آصف سابع اعلی حضرت کے ہاتھ آ گئی۔ یہیں سے شہر کی ترقی کیلئے منصوبہ بندی شروع ہوئی اور ۱۹۴۰ میں شہر حیدرآباد کو مزید ترقی دینے کیلئے "آرائش بلدہ" کی بنیاد رکھی گئی۔

ایک کمیٹی تشکیل دی گئی جس میں مثبت سوچ اور فکر کی حاصل شخصیتوں کے علاوہ معروف آرکیٹکٹس اور انجینئروں کو شامل کیا گیا۔ پسماندہ علاقوں کو کالونیوں میں بدلا گیا۔ کوارٹر بنائے گئے۔ زیر زمین ڈرینج سسٹم، پینے کے پانی کے حصول کیلئے ضوابط وضع کئے گئے۔ قطب شاہی اور آصف جاہی دور میں شہر کی خوبصورتی کیلئے جو حکمت عملی اختیار کی گئی تھی، آزادی کے بعد بھی اس شہر کی خوبصورتی کو باقی رکھنا "آرائش بلدہ" کی اولین ترجیح تھی، چنانچہ سڑکوں کو وسعت دی گئی۔ مختلف جگہوں پر فوارے لگائے گئے۔ درختوں کو اگا کر شہر کو ہرا بھرا رکھنے کی کوشش کی گئی۔ اسٹریٹ لائیٹ کا نظم بھی آرائش بلدہ کا مرہون منت ہے۔

ایم ویدا کمار نے "فورم فار اے بیٹر حیدرآباد FORUM FOR A BETTER HYDERABAD" کے اغراض و مقاصد کے متعلق بتایا کہ اس کا اہم مقصد عوام کے مسائل سے حکومت کو آگاہ کرنا ہے۔ قدیم عمارتوں کو متعلقہ افسران کے تساہل کے سبب لاحق خطرات کی تفصیلات بھی اس فورم کے ذریعہ حکومت کو پیش کی جاتی ہیں۔ انہوں نے کہا کہ یہاں کا ماسٹر پلان ٹھیک نہیں ہے۔ غیر مجاز تعمیرات بلدیہ کی لاپروائی کا نتیجہ ہیں۔ صنعتوں کا فاضل مادہ حسین ساگر نالہ، بلکاپور نالا، بیگم پیٹ اور پیکٹ نالے ٹھیک نہیں ہیں اس پر فورم نے حکومت کو توجہ دلائی ہے۔ حسین ساگر، عثمان ساگر اور حمایت ساگر کی صفائی کے لئے G.O. III کے تحت ہم سپریم کورٹ تک گئے۔ سکریٹریٹ میں G block اڈمنسٹریشن بلڈنگ اور فینانس بلڈنگ کو منہدم کیا جانے والا تھا اس کے خلاف فورم نے عدالت کا دروازہ کھٹکھٹایا اور کامیاب رہے۔ گاندھی میڈیکل کالج، مولا علی کمان کو بھی منہدم کیا

جانے والا تھا۔ مگر فورم کی مداخلت کی وجہ سے یہ کارروائی رُک گئی۔ مذکورہ نشانیاں حیدرآباد کی تاریخ کا اہم جز ہیں اور انہیں باقی رکھا جانا از حد ضروری ہے۔

ویدا کمار نے اس بات کا بھی انکشاف کیا کہ دکن میں انگریزوں نے ریلوے لائن بچھانے کی پیشکش کی تھی جس کو اعلیٰ حضرت نے قبول نہیں کیا اور ۲۳۰۰ کیلو میٹر کی ریلوے لائن نظام نے اپنے خرچ سے بنائی تھی جو آگے جاکر مرکزی لائن سے ملتی تھی۔ انہوں نے یہ بھی انکشاف کیا کہ وہ چھ مرتبہ ایران کا دورہ کر چکے ہیں۔ موسیٰ ندی پروجیکٹ پر کام کرنے کیلئے انہوں نے جرمنی (برلن) کا دورہ بھی کیا۔ انہوں نے بتایا کہ قلی قطب شاہ کو گولکنڈہ میں درگم چیرو سے پانی سربراہ کیا جاتا تھا جو کہ نہایت ہی شفاف ہوا کرتا تھا۔ چارمینار کی حصار بندی سے قبل کمان کے اندر سے ٹریفک کا گذر ہوتا تھا۔ ۱۵۹۱ میں اس کی تعمیر ہوئی۔ اصفہان (ایران) کے طرز پر حیدرآباد شہر کو بسایا گیا۔ ۱۵۹۵ میں دارالشفاء میں دو منزلہ یونانی دواخانہ موجود تھا جہاں بہ یک وقت چار سو مریض رہ سکتے تھے۔ مختلف شہروں ہی سے نہیں مختلف ممالک سے مریض بھی آتے تھے۔ اب یہ دواخانہ اسکول میں تبدیل ہو گیا ہے۔

قدیم حیدرآباد میں شہر کی چاروں سمتوں میں سرائے ہوتے تھے۔ علی آباد سرائے، شیخ پیٹ سرائے وغیرہ اور یہ شہر کی دیوار سے متصل ہوتے تھے۔ شہر میں داخل ہونے کیلئے اجازت یعنی ویزا کا حصول ضروری تھا۔

عزیز باغ، اکبر باغ، بشیر باغ، جام باغ جیسے مقامات میں شہر کے امراء قیام کرتے تھے۔ اور یہ حیدرآباد کے مصروف علاقے تھے۔ عزیز باغ کا پھیلاؤ وکٹوریہ میٹرنٹی ہاسپٹل نور خاں بازار تک تھا۔ آج بھی اس باغ میں عزیز جنگ بہادر شمس

العلماء کی ساتویں پشت قیام پذیر ہے۔ عزیز جنگ بہادر کے چار فرزند تھے۔ غازی یار جنگ، محی الدین احمد، نواب دین یار جنگ بہادر اور نواب رکن الدین احمد۔ نواب دین یار جنگ کے فرزند حسن الدین احمد آج بھی حیات ہیں جو کہ ریٹائرڈ آئی اے ایس ہیں۔ عزیز باغ میں اعلی حضرت کے علاوہ معروف اداکار دلیپ کمار نے بھی قدم رنجہ فرمایا تھا۔ اس طرح مذکورہ باغ بھی یہاں کی تہذیب کا اہم ترین حصہ رہے ہیں۔

ویدا کمار نے کہا کہ عثمانیہ دواخانہ اور نمس کو دیکھ کر عوام کیلئے حفظان صحت سے متعلق اعلی حضرت کی فکرمندی کا اظہار ہوتا ہے، جہاں ان پیشنٹ اور آوٹ پیشنٹ کا بالکلیہ مفت علاج ہوا کرتا تھا۔ دودھ، میوہ، بریڈ، ابلے ہوئے انڈے اور کمبل بھی مفت میں دیئے جاتے تھے۔ اب متمول لوگ ہی ان دواخانوں کے متحمل ہوسکتے ہیں یا رسوخ کی بنیاد پر فیض اٹھایا جاسکتا ہے۔

شیوا ریڈی، کرشنا مورتی، وینکٹیشور، نائک اور شنڈے وغیرہ میرے اساتذہ رہے۔ پڑھائی کے دوران ریڈی ہاسٹل ہی میرا مسکن تھا۔ جہاں انجینئرنگ کالج، میڈیکل کالج، انوارالعلوم کالج، ممتاز کالج، سکندرآباد سٹی کالج، حیدرآباد سٹی کالج کے طلباء بھی مقیم تھے۔ اس طرح ہر کالج سے میرا تعلق سا بن گیا تھا۔ ان میں ہندو، مسلم، سکھ اور عیسائی سبھی تھے۔ بغیر کسی بھید بھاؤ کے ہم مل جل کے رہتے تھے۔ بَن مسکہ، ایرانی چائے اور سموسے کھاتے تھے۔

حیدرآباد کی خوبی یہ ہے کہ یہاں بھانت بھانت کے لوگ رہتے ہیں جو اپنے اپنے طور طریقوں سے اپنے تہوار اور اپنی رسومات مناتے ہیں، مگر دل سے

دوسروں کو بھی شریک کر لیتے ہیں۔ ہمارے گاؤں میں شادیوں کے موقع پر حیدرآباد سے بینڈ باجا آتا تھا۔ کم از کم ایک ماہ قبل ہی سے لگتا تھا کہ گھر میں شادی ہونے والی ہے۔ مہمان نوازی کا لامتناہی سلسلہ چلتا۔ لڈو بوندی وغیرہ اتنی مقدار میں بناتے تھے کہ روانگی کے وقت انہیں تحفتاً دے دیتے۔ چار گھر مسلمانوں کے ایک گھر ہندو کا اور ایک گھر مسلمان کا اور چار گھر ہندو کے پھر بھی خود کو محفوظ تصور کرتے تھے، جس سے یہاں کی گنگا جمنی تہذیب آشکار ہوتی ہے۔ یہاں اتحاد ہے اگر کچھ ہوا ہے تو وہ سب سیاستدانوں کا کیا دھرا ہے۔ جس سے چوکس رہنے کی ضرورت ہے۔

ڈی بی آر مل، اعظم جاہی مل، پراگاٹولز، آلوین، آئی ڈی پی ایل، بیلکیٹ ہائی لام ان سب کا شمار حیدرآباد کی مشہور فیکٹریوں میں ہوتا تھا جو ان دنوں مسدود ہو گئی ہیں۔ نظام شوگر فیکٹری کو خانگیا لیا گیا۔ یہ کسی کے باپ کی جاگیر نہیں تھی۔ اس طرح فیکٹریوں کی مسدودی سے حیدرآبادیوں کے مسائل بڑھنے لگے۔ بیرونی ممالک جانے والوں کی نظام ٹرسٹ نے امداد کی۔

حیدرآباد کے تہوار بھی اپنے اندر کشش رکھتے ہیں۔ رمضان، بقر عید، بونالو پنڈوگا، دسہرہ اور پیرو پنڈوگا (محرم) اس کے علاوہ ہولی اور تل سنکرات میں ہندو مسلم اتحاد کا مظاہرہ ہوتا ہے۔ حیدرآباد کے کتب خانے بھی بہت مشہور تھے جو کہ اس شہر کی شان کے مظہر تھے۔ آصفیہ لائبریری تو دکن کی پہچان ہے۔ ۱۸۹۱ میں میر محبوب علی خان نے اس کی بنیاد رکھی تھی۔ اول اول یہ جنرل پوسٹ آفس کی عمارت میں واقع تھی غالباً ۱۹۳۵ میں رود موسیٰ کے کنارے سے معقول رقم صرف

کر کے دو منزلہ عمارت تعمیر کی گئی تھی۔ اس خوبصورت اور نفیس عمارت کا افتتاح اعلیٰ حضرت میر عثمان علی خان نے کیا تھا، جو آج بھی اسی شان کے ساتھ کھڑی ہے، اس کو کتابیں پڑھنے والوں کا انتظار ہے۔ کیونکہ پرانی تہذیب اب کتابوں میں بند ہو کر رہ گئی ہے۔

***

۸

ڈاکٹر سری رام ناتھ: ماہر ہومیو پیتھک طریقہ علاج

عابد صدیقی

حیدرآباد میں ہومیو پیتھک طریقۂ علاج کا پس منظر نہایت دلچسپ ہے۔ ۱۹۲۴ء میں اسی شہر کے ایک ہونہار ایلو پیتھک فزیشن ڈاکٹر بھومنا بمبئی میں قیام پذیر تھے۔ انہیں شدید ڈائریا ہو گیا تھا۔ متعدد ڈاکٹروں کے علاج کے باوجود مرض سے افاقہ نہیں ہوا، وہ بہت پریشان ہو گئے۔ اسی زمانے میں بمبئی میں ایک مشہور جرمن ہومیو پیتھ ڈاکٹر آئے ہوئے تھے، انہوں نے ڈاکٹر بھومنا کا علاج کیا اور چند ہی گھنٹوں میں وہ صحت یاب ہو گئے۔ اس طریقہ علاج سے وہ بے حد متاثر ہوئے اور جرمن ڈاکٹر سے اس طریقہ علاج کو سیکھنا شروع کر دیا۔ ان کی غیر معمولی دلچسپی دیکھ کر جرمنی کے ڈاکٹر نے انہیں نہ صرف بہت ساری کتابیں فراہم کیں، بلکہ جرمنی سے بے شمار دوائیں بھی روانہ کیں۔ چنانچہ ڈاکٹر بھومنا نے ۱۹۲۴ میں باقاعدہ حیدرآباد میں ہومیو پیتھک علاج کا آغاز کیا۔ اپنی پچاس سالہ پریکٹس کے دوران انھوں نے ہزاروں مریضوں کی خدمت کی، بلکہ بعض لاعلاج اور مایوس مریضوں کا کامیاب علاج بھی کیا۔ ڈاکٹر بھومنا نے زندگی بھر مفت علاج کیا اور تادم حیات اپنے پاس سے

دوائیں مفت دیتے رہے۔ کاچی گوڑہ میں واقع ان کے مطب میں ہمیشہ مریضوں کا ہجوم رہتا۔ انھوں نے حیدرآباد میں ہومیوپیتھک طریقہ علاج کو باقاعدہ متعارف کرایا۔ اپنی غیر معمولی ہمدردی، جذبۂ خدمت اور ہومیوپیتھک طریقہ علاج میں مہارت کے باعث انھیں زبردست عوامی مقبولیت حاصل ہوئی۔ انہوں نے اپنے انتقال سے قبل اپنے فرزند ڈاکٹر سری رام ناتھ کو وصیت کی تھی کہ ان کے بعد وہ ہومیوپیتھک علاج کے اس سلسلہ کو جاری رکھیں اور مریضوں کو بغیر کسی معاوضہ کے مفت دوائیں دیں۔ ڈاکٹر رام ناتھ بنیادی طور پر ایلوپیتھک ڈاکٹر تھے۔ اپنی ملازمت کے دوران شام کے اوقات میں وہ اپنے والد کے مطب میں ان کے ہمراہ کام کرتے۔ اس طرح ہومیوپیتھک طریقہ علاج میں انھیں بھی مہارت حاصل ہو گئی۔ والد کے انتقال کے دوسرے ہی دن سے انہوں نے ڈاکٹر بھومنا کی جگہ سنبھال لی اور ہومیوپیتھی طریقہ علاج کے ذریعہ مریضوں کے علاج کی مقدس خدمت کو اپنی زندگی کا مقصد بنالیا۔ وظیفہ پر سبکدوش ہونے کے بعد انھوں نے اپنے آپ کو اس کام کے لئے وقف کر دیا۔ اپنی قابلیت، صلاحیت، ملنساری، سادگی اور جذبۂ ہمدردی کے باعث وہ بھی اپنے والد کی طرح عوام میں کافی مقبول ہیں۔ گفتگو کے دوران انھوں نے اپنے متعلق اور ماضی کے حیدرآباد کے بارے میں دلچسپ اور کارآمد باتوں کا تذکرہ کیا۔

ڈاکٹر رامناتھ جن کا پورا نام سری رامناتھ ہے، ۱۹۳۹ کو حیدرآباد میں پیدا ہوئے۔ ابتدائی تعلیم ہندی میڈیم اسکولوں میں ہوئی اس کے بعد حیدرآباد کے تاریخی آل سینٹس ہائی اسکول میں داخلہ لیا، وہاں سے میٹرک کا امتحان کامیاب

کرنے کے بعد نظام کالج سے انٹرمیڈیٹ کی تکمیل کی اور گاندھی میڈیکل کالج حیدرآباد سے ایم بی بی ایس کا امتحان کامیاب کیا۔ اپنے طالب علمی کے دور کو یاد کرتے ہوئے انھوں نے بتایا کہ اس دور میں ریاست میں صرف دو ہی میڈیکل کالجس تھے۔ جن میں ایک عثمانیہ اور دوسرا گاندھی میڈیکل کالج تھا۔ عثمانیہ میڈیکل کالج کا نام پہلے نظامس اسکول آف میڈیسن تھا، جہاں سے ان کے والد ڈاکٹر بھومنا نے ایم بی بی ایس کیا تھا۔ کچھ عرصہ بعد ورنگل میں کاکتیہ میڈیکل کالج قائم ہوا تھا۔ میڈیسن میں عام طور پر انگریزی میڈیم اسکولوں کے طلبہ کو داخلہ ملتا تھا جیسے گرامر اسکول، میتھوڈسٹ، عالیہ اور آل سینٹس اسکول۔ علاوہ ازیں سرکاری اسکولوں کے طلبہ کو بھی داخلہ ملتا۔ ڈاکٹر رامناتھ نے بتایا کہ اس دور میں میڈیسن کی تعلیم کو بڑی اہمیت حاصل تھی۔ انھیں فخر ہے کہ ڈاکٹر بنکٹ چندر، ڈاکٹر بہادر خان، ڈاکٹر حیدر خاں، ڈاکٹر شیو شنکر جیسے قابل اور ماہر اساتذہ سے انھیں استفادہ کا موقع ملا۔ عثمانیہ یونیورسٹی اس زمانہ میں عالمی شہرت یافتہ یونیورسٹی سمجھی جاتی تھی۔ یونیورسٹی کے گریجویٹس کی ولایت میں بڑی مانگ تھی۔ میڈیسن کے بعد حیدرآباد کے کئی ڈاکٹرس نے لندن میں ایف آر سی ایس، ایم آر سی پی جیسی ڈگریاں حاصل کیں۔ ایم بی بی ایس کرنے کے بعد ڈاکٹر رامناتھ نے اپنے والد کے ساتھ میڈیکل پریکٹس شروع کی پھر سرکاری ملازمت سے وابستہ ہو گئے اور ۱۹۹۷ میں وظیفہ پر سبکدوش ہو گئے۔

انھوں نے بتایا کہ ماضی میں شہر حیدرآباد ملک بھر میں کئی اعتبار سے ایک مثالی شہر تھا، جہاں کے لوگوں میں مروت، محبت اور غیر معمولی رواداری نمایاں تھی۔

ظاہر ہے کہ ڈاکٹرس بھی اسی سماج کا حصہ ہیں چنانچہ انھوں نے وظیفہ کے بعد ہومیوپیتھک طریقہ علاج جاری رکھا۔ انھوں نے کہا کہ اس دور میں آبادی محدود تھی، بیماریاں کم تھیں اور ڈاکٹروں کی تعداد بھی محدود تھی۔ لوگوں کا طرز زندگی نہایت سادہ تھا۔ ڈاکٹرس خواہ وہ ملازمت پیشہ یا پھر خانگی پریکٹس کرتے ہوں، ان میں جذبہ ہمدردی کوٹ کوٹ کر بھرا تھا۔ وہ بندگان خدا کی خدمت کو مقصد زندگی سمجھتے۔ انھوں نے انکشاف کیا کہ ان کے والد ڈاکٹر بھومنا اپنے مطب میں دوائیں بھی دیتے اور بعض مریضوں کی عیادت کے لئے ان کے گھر بھی جاتے اور انھیں تسلی دیتے۔ اس طرح کا کردار اس پیشہ کے وقار کو مزید بلند کرتا ہے۔ اس زمانے میں ڈاکٹروں کی فیس معمولی ہوتی، کم دوائیں تجویز کرنے کا رجحان تھا، علاج سستا تھا، اکثر ڈاکٹروں کے ہاتھ میں شفا تھی۔

مرض کی تشخیص کے لئے کوئی پیچیدہ طریقہ نہیں اپنایا جاتا بلکہ مریض کی کیفیت اور نبض دیکھ کر ہی تشخیص کر لی جاتی اور علاج کیا جاتا۔ یہ رجحان نہ صرف ہومیوپیتھک بلکہ ایلوپیتھک اور یونانی طریقۂ علاج میں بھی تھا۔ بعض ڈاکٹرس تو مریض کی body language، جسمانی کیفیت دیکھ کر دوائیں تجویز کرتے اور مریض کو شفا ہو جاتی۔ ڈاکٹروں کا بھی عام طور پر عقیدہ تھا کہ مرض کا علاج کرنا ان کا کام ہے اور شفا دینے والا مالک حقیقی ہے۔ چنانچہ ڈاکٹر صاحب دواؤں کے نسخے پر سب سے پہلے "یا شافی یا کافی" لکھا کرتے۔ اگر کسی مریض کو مطب میں ہی دوا استعمال کرنا ہوتا تو اسے یا شافی یا کافی پڑھ کر دوا لینے کی ہدایت کرتے۔ انھوں نے اپنے والد کی مثال دی کہ ان کے بارے میں اکثر مریضوں کو شکایت تھی کہ وہ

مریض سے تفصیلی کیفیت نہیں سنتے اور کبھی کبھی جھنجھلا جاتے۔ ڈاکٹر رامناتھ نے کہا کہ ان کا تجربہ اس قدر وسیع تھا کہ وہ صرف دو جملہ سن کر اور مریض کی ظاہری حالت دیکھ کر اس کے مرض کو پہچان لیتے۔ یہ جوہر بہت کم ڈاکٹروں میں ہوتا ہے۔

ڈاکٹر رامناتھ نے بتایا کہ ان کے آباء و اجداد کا تعلق ضلع کریم نگر سے ہے۔ وہ ذات کے درزی ہیں۔ اس دور میں ان کے آباء و اجداد کو شاہی پوشاک سینے اور وردیوں کی تیاری کا کام سپرد کیا گیا تھا۔ اورنگ زیب کے ایک سپہ سالار انھیں اپنے ساتھ حیدرآباد لائے تھے اسی وقت سے ان کا خاندان حیدرآباد میں بس گیا۔ ان کے نانا بھی دربار آصفجاہی میں ملازمت کیا کرتے تھے۔ انھوں نے بتایا کہ انھیں اردو زبان سے اپنے والد کی طرح غیر معمولی محبت اور لگاؤ ہے۔ وہ دواؤں کے نام اردو میں لکھتے رہے ہیں۔ اب چونکہ کئی مریض اردو نہیں جانتے تو انھیں انگریزی میں لکھنا پڑ رہ ہے۔ اردو اس دور میں سرکاری زبان تھی۔ ان کے والد اردو میں بڑی اچھی گفتگو کرتے۔ اخبار سیاست اور اردو ملاپ کا مطالعہ کرتے۔ دیگر ڈاکٹرس کو بھی اردو پڑھنا لکھنا آتا تھا۔ تجارت، کاروبار، تعلیم اور تمام امور میں اردو کا چلن تھا۔ ایک دوسرے سے مخاطبت کے لئے "آپ" کا استعمال کیا جاتا، خواہ وہ کم عمر ہو کہ بزرگ، ان کے لئے مہذب الفاظ کا استعمال کیا جاتا۔ لوگوں کا رہن سہن معمولی تھا، لیکن رکھ رکھاؤ تھا، خودداری اور عزت نفس کا بڑا پاس ولحاظ رکھا جاتا۔ حیدرآبادی گفتگو پر دکھنی اردو کا زیادہ اثر رہا اور مرہٹی و تلگو زبان کے الفاظ بھی بول چال میں استعمال کئے جاتے۔ مخصوص حیدرآبادی لب ولہجہ سے دیگر علاقوں کے لوگ بہ آسانی پہچان لیتے کہ یہ حیدرآبادی ہیں۔ ڈاکٹر صاحب نے کہا کہ حیدرآبادیوں کی

وضعداری، ملنساری اور انکساری بے مثال رہی۔ شاہی حکومت کے باوجود حیدرآباد کے عوام میں رعونت، غرور اور تعصب کبھی بھی نہیں رہا۔ حیدرآبادی عام طور اچھے کھانوں کے شوقین تھے۔ حیدرآبادی بریانی، دالچہ، بگھارے بیگن، کھچڑی، قیمہ، چٹنی اور دیگر کئی ڈشس صرف حیدرآباد کے گھرانوں میں بنتیں۔ حیدرآباد کی مہمان نوازی سارے ملک میں مشہور ہے۔ لوگوں کو مہمانوں کی ضیافت کرنے سے کافی دلچسپی تھی۔ رشتہ دار ایک دوسرے کے گھر دو تا چار دن تک قیام کرتے۔ رشتہ داروں میں غیر معمولی محبت تھی۔ مشترکہ خاندان (جوائنٹ فیملی) کا رواج عام رہا۔ مسلمانوں کے ساتھ ساتھ ہندوؤں میں بھی خاندان کو بڑی اہمیت حاصل تھی۔ مذہب یا دھرم کا تقدس اور اس کے اثرات انفرادی و اجتماعی زندگی میں نمایاں رہے۔ ایک دوسرے کے مذہب یا دھرم کا احترام کرنا ضروری تھا اس لئے سماج میں امن، یکجہتی اور ہم آہنگی تھی۔ انسانی اقدار کو معاملات زندگی میں نمایاں اہمیت حاصل تھی۔ وسائل کی کمی تھی، لیکن قناعت پسندی اس قدر تھی کہ لوگ اپنی محدود آمدنی میں بھی چین و سکون کی زندگی گزارتے۔

حمل و نقل کے لئے سائیکلوں، سائیکل رکشہ اور بسوں کا استعمال کیا جاتا۔ موٹر کاریں بہت کم تھیں۔ سڑکوں پر آج کی طرح ٹریفک کا ہجوم نہ تھا۔ جان و مال کی سلامتی تھی۔ قانون کی حکمرانی کے ڈر سے لوگ غیر اخلاقی اور غیر قانونی کاموں سے گریز کرتے۔ حضور نظام کی کامیاب اور انصاف پرور حکمرانی کا ہر کوئی معترف تھا۔ رعایا ان کا بڑا احترام کرتی اور ان سے غیر معمولی محبت رکھتی تھی۔ چنانچہ انھوں نے ایک ذاتی واقعہ سنایا کہ ایک بار وہ اپنی کار میں اپنے والد ڈاکٹر بھومنا کو لے کر

کنگ کوٹھی کے راستے سے گذر رہے تھے، اتفاقاً اعلی حضرت کی قیام گاہ پردہ گیٹ کے پاس انھوں نے ہارن بجادیا جس پر ان کے والد ان پر کافی برہم ہوئے اور کہا کہ اعلی حضرت کے آرام میں خلل ہوا ہوگا اور انھیں تاکید کی کہ آئندہ ایسی گستاخی نہ کریں۔ حضور نظام ایک سیکولر اور انصاف پسند حکمران تھے۔ انھوں نے ہندو اور مسلمان دونوں کو اپنی اولاد کی طرح سمجھا اور انھوں نے کہا تھا کہ ہندو اور مسلمان میری دو آنکھوں کی طرح ہیں۔ انھوں نے اپنے انداز فکر اور طرز عمل میں کسی قسم کے بھید بھاؤ اور تعصب کو اختیار نہیں کیا۔ بادشاہ کے اس طرز عمل کے اثرات رعایا پر بھی مرتب ہوئے اور عوام ایک دوسرے کے ساتھ شیر وشکر کی طرح رہے۔ ایک دوسرے کی عیدوں، تہواروں کو مل جل کر منانا، ایکدوسرے کی خوشی اور غم میں بڑھ چڑھ کر حصہ لینا حیدرآبادی تہذیاب کا اپنا ایک منفرد اور مخصوص کلچر تھا۔ ہندو لوگ، مسلمان بزرگوں کو نام سے نہیں پکارتے بلکہ چاچا، چاچی، ماما، مامی کہہ کر پکارا کرتے۔ رشتوں کا احترام تھا، اپنا ہو یا پرایا بڑوں کا ادب ضروری سمجھا جاتا۔ والدین اپنی اولاد کو نصیحت کرتے کہ بڑوں کا احترام کریں۔ انھیں افسوس ہے کہ آج والدین بچوں کو اچھی تربیت نہیں دے رہے ہیں۔ سلام آداب کو رسمی طریقہ سمجھ کر اولاد اس کی پابندی نہیں کر رہے ہیں، لیکن بعض والدین اب بھی ان اقدار کا پاس ولحاظ کرتے ہیں۔ چنانچہ ان کے دواخانہ میں معصوم بچے اپنے والدین کے ہمراہ آتے ہیں تو بڑے مخصوص انداز میں سلام کرتے ہیں جس سے خوشی ہوتی ہے۔

اس دور میں مسلمانوں میں پردہ کا رواج بہت عام تھا، مرد ڈاکٹروں سے علاج

کے لئے رجوع ہونے کو معیوب سمجھا جاتا۔ اگر مجبوری ہوتی تو پردہ میں رہ کر کیفیت بیان کی جاتی یا پھر کاغذ پر اپنی بیماری اور کیفیت لکھ کر ڈاکٹر کے حوالے کر دیا جاتا۔ مسلمانوں کے علاوہ کایستھ خاندانوں، مارواڑی اور راجپوت گھرانوں کی عورتیں بھی پردہ کرتی تھیں۔ اس دور میں ڈاکٹر بنکٹ چندر، ڈاکٹر سکسینہ، ڈاکٹر ایس ایس جین، ڈاکٹر منان، ڈاکٹر شاہنواز، ڈاکٹر ابوالحسن صدیقی اور دوسرے بہت مشہور تھے۔ عثمانیہ ہاسپٹل کو افضل گنج کا دواخانہ کہا جاتا۔ گاندھی ہسپتال کا نام پہلے کنگ جارج ہسپتال تھا، جو ایم جی ایم کے نام سے بھی مشہور رہا۔ انھوں نے بتایا کہ اس دور میں یونانی طریقۂ علاج بھی کافی مقبول تھا۔ ایلوپیتھک ڈاکٹرس بعض مریضوں کو یونانی یا ہومیوپیتھک علاج کرانے کا مشورہ دیتے۔ یہ پیشہ ورانہ یگانگت حیدرآبادی تہذیب کے اثرات کا نتیجہ تھی۔ اس سوال کے جواب میں کہ ایلوپیتھک اور ہومیوپیتھک علاج میں وہ کیا فرق محسوس کرتے ہیں، کیونکہ وہ دونوں ہی طریقہ علاج میں پریکٹس کرتے رہے۔ ڈاکٹر صاحب نے کہا کہ دونوں ہی طریقہ علاج کی اہمیت ہے۔ ان کا تقابل کرنا مشکل ہے، لیکن Chronic امراض کے لئے ہومیوپیتھک علاج زیادہ موثر ثابت ہوا ہے۔ بعض لوگ اسے سابودانے کی گولیاں سمجھ کر مذاق اڑاتے ہیں، لیکن اس کے فوائد وہی جانتے ہیں جو زیر علاج رہے ہیں۔ ڈاکٹر صاحب نے کہا کہ ہندوستان میں ہومیوپیتھک علاج کا مستقبل نہایت تابناک ہے۔ پہلے صرف جرمنی سے دوائیں آتی تھیں، لیکن آج ملک میں کئی کمپنیاں ہومیوپیتھک دوائیں تیار کر رہی ہیں۔

حیدرآباد کے رسم ورواج کا ذکر کرتے ہوئے انھوں نے کہا کہ حیدرآباد میں

رسم ورواج کی پابندی کا چلن بہت زیادہ رہتا ہے۔ ہندوؤں اور مسلمانوں میں گہرے اور قریبی روابط کے باعث دونوں کی شادیوں اور دیگر تقاریب میں ایک دوسرے کے رسم و رواج کا چلن تھا۔ مسلم شادیوں میں تقریب سے پہلے شہنائی اور نوبت بجتی، ہندوؤں میں ناداسورم بجایا جاتا جو شادی سے آٹھ دس دن پہلے سے بجنا شروع ہو جاتا۔ یہ ایک قسم کا منہ کا باجا ہے۔ سنگیت، مہندی اور مسلمانوں کے پاس مانجھے سانچق وغیرہ کی رسمیں مشترکہ تہذیب کا نتیجہ تھیں۔ شادی سے قبل دولہا اور دلہن کے والدین خاندان کے بزرگوں اور رشتہ داروں کو شخصی طور پر ان کے گھر جا کر دعوت نامے پیش کرتے۔ کسی اور سے روانہ کرنا معیوب سمجھا جاتا۔ یہ طریقہ نہ صرف ہندوؤں بلکہ مسلمانوں میں بھی رہا ہے۔ شادی کی تقاریب میں امیر غریب سب کی مہمان نوازی، میزبان کا فریضہ ہوتا۔ عام عقیدہ یہ تھا کہ شادی بیاہ میں بزرگوں کی دعائیں اور ان کا آشیرواد ضروری ہے، اس لئے دولہا دلہن کو بزرگوں کے ہاتھوں سے پھول پہنائے جاتے۔ مہمانوں کی جانب سے سلامی یا تحفہ دیا جاتا۔ رقمی تحفہ ہو تو اسے رنگین لفافوں میں رکھ کر دیا جاتا۔ اپنی حیثیت کے مطابق سلامی دی جاتی۔ اس میں کوئی تصنع یا بناوٹ اور دکھاوے کا شائبہ تک نہ ہوتا۔ یہ کردار حیدرآبادی تہذیب کو دیگر تہذیبوں سے نمایاں اور ممیز کرتا ہے۔

ڈاکٹر رامناتھ نے کہا کہ ایک دوسرے سے ملاقات 'آداب عرض' یا آداب سے شروع ہوتی۔ بڑوں سے جھک کر ملنا اپنی سعادت مندی اور ان کا احترام تصور کیا جاتا۔ یہ طریقہ کار ہندو اور مسلمان سب میں موجود تھا۔ ڈاکٹر صاحب نے کہا کہ ملک کے دیگر علاقوں میں سیکولرازم اور قومی یکجہتی کی باتیں محض ظاہری ہیں لیکن

حیدرآباد کا سیکولرازم عملی اور حقیقی سیکولرازم ہے۔ ڈاکٹر صاحب نے ایک دلچسپ بات یہ بھی بتائی کہ انھوں نے مسٹر ہنمنتیا سے اردو سیکھی، جنھوں نے 'بولتا قاعدہ' سے اردو تعلیم کی شروعات کی تھی اور تلگو زبان انھوں نے مرزا اسمعیل سے سیکھی، جن کا تعلق شاید رائلسیما سے تھا۔ اس سے پتہ چلتا ہے کہ زبان کا تعلق کسی مخصوص طبقہ سے نہیں ہوتا۔ انھوں نے کہا کہ ان کے والد ڈاکٹر بھومنا کی عظیم طبی خدمات کے پیش نظر محکمہ بلدیہ حیدرآباد نے ان کی قیامگاہ سے متصل روڈ کو بھومنا روڈ سے منسوب کیا ہے،

جو واقعی عوام کی جانب سے انھیں خراج عقیدت ہے۔ اپنے مکان کی تعمیر کا ذکر کرتے ہوئے انھوں نے کہا کہ ناگرجنا ساگر کے چیف انجینئر طاہر علی خان تھے، جن سے اعلی حضرت نے بنگلور تک ریلوے لائن بچھانے کا حکم دیا تھا۔ اس پراجکٹ میں جو پٹریاں بچ گئیں، وہ ان کے والد کے حوالے کر دی گئیں، کیونکہ طاہر علی خان ان کے نہ صرف مریض تھے، بلکہ معتقد بھی تھے۔ ڈاکٹر بھومنا نے چند ہزار روپیہ دے کر یہ سودا کیا تھا اور طاہر علی خان کے تعاون سے ان کا مکان اتنا شاندار اور مضبوط بن گیا۔ طاہر علی خان کے احسان مند ہیں۔ اس طرح کے متعدد واقعات سے یہ بات واضح ہوتی ہے کہ نظام سرکار کے دور میں حیدرآباد کے عوام میں کوئی بھید بھاؤ نہیں تھا بلکہ میل جول، رواداری اور ایک دوسرے کا خیال رکھنا ہی سب کا منشا اور مقصد تھا۔ ڈاکٹر صاحب کا خیال ہے کہ ہمارے سیاستدانوں نے مذہب، زبان اور علاقہ کے نام پر زندگی کے ہر شعبہ کو آلودہ کیا ہے، جس سے سماج میں بے چینی اور انتشار کا ماحول پیدا ہو رہا ہے۔ اس سلسلہ کو ختم کرنا ہو گا کیونکہ یہ طرز عمل عوامی

احساسات کے منافی اور سماجی ترقی میں رکاوٹ کا باعث ہو گا۔

ڈاکٹر صاحب نے آخر میں موجودہ دور کے حیدرآبادی اور خاص طور پر نوجوان نسل کو مشورہ دیا کہ وہ حیدرآبادی تہذیب کے تسلسل اور ان اعلی روایات کو زندہ رکھیں جو ان کی انفرادی اور اجتماعی زندگی کی خوشی، امن وچین اور ترقی کی ضمانت ہے۔

***

۹

جسٹس وامن راؤ: عادل آباد کے عادل

محبوب خان اصغر

سرزمین دکن میں طرحدار اور بے نیازانہ زندگی گزارنے والوں کی کبھی بھی کمی نہیں رہی۔ مختلف شعبہ ہائے حیات سے تعلق رکھنے والی شخصیتوں نے دکن کو اپنا مسکن بنایا اور یہاں کی موثر تہذیبی اور معاشرتی زندگی کا جز بن کر حیدرآبادی کہلانے کو باعث فخر سمجھا، ان ہی میں جسٹس وامن راؤ بھی ہیں۔ سنجیدہ، ذہین اور محبت سے لبریز وامن راؤ کا تعلق عادل آباد سے ہے مگر عین عالم جوانی میں حصول علم کیلئے حیدرآباد آئے اور یہیں کے ہو کر رہ گئے۔ دراصل ہندوستان میں تلنگانہ اور تلنگانہ میں حیدرآباد اس قدر پرکشش ہے کہ یہاں کی آب وہوا سب کو راس آجاتی ہے۔ یہاں کے موسموں میں جو اعتدال ہے یہی اعتدال یہاں کے لوگوں میں بھی پایا جاتا ہے۔ یکجہتی اور ہم آہنگی اس شہر کی شناخت ہے۔ یہ اور بات ہے کہ بسا اوقات آوارہ مزاج لوگ اس شہر کی فضا کو مسموم کرنے کی کوشش کرتے ہیں مگر امن پسند شہریوں نے آپس میں مل کر ان کوششوں کو بے سود ثابت کر کے امن و امان کو فروغ دیا ہے۔ جسٹس وامن راؤ نے حیدرآباد کی تمام گم گشتہ رعنائیوں کو اپنی

آنکھوں میں قید اور ذہن میں محفوظ کر رکھا ہے۔ ہماری استدعا پر انہوں نے حیدرآباد سے متعلق کچھ یادیں اور کچھ باتیں بتانے کیلئے اپنی رضامندی ظاہر کی۔ ان سے کی گئی گفتگو کالب لباب قارئین "سیاست" کی خدمت میں پیش ہے۔

"میں ۹ مئی ۱۹۳۹ کو ضلع عادل آباد کے ایک چھوٹے سے گاؤں "بوتھ" میں پیدا ہوا۔ ریاست تلنگانہ کا دوسرا بڑا ضلع عادل آباد ہی ہے۔ ہینڈی کرافٹ کیلئے بھی یہ ضلع شہرت رکھتا ہے اور چونکہ مہاراشٹرا قریب میں ہے اسی لئے مرہٹی زبان بولنے والے بھی کثرت سے پائے جاتے ہیں لیکن بنیادی طور پر اردو اور تلگو شانہ بہ شانہ اس ضلع میں رواں ہیں۔ نیز اس ضلع میں امیر ترین لوگ پائے جاتے ہیں۔ ہندو ۶۹ فیصد، مسلم ۲۴ فیصد، کرسچین ۶ فیصد کے علاوہ دوسری اقوام کے لوگ بھی یہاں بستے ہیں۔ اس ضلع میں تاریخی منادر ہیں، گنانا سرسوتی مندر مشہور ہے، کئی مساجد ہیں، یہاں بڑی مارکٹ میں تاریخی جامع مسجد ایک صدی سے بھی زائد عرصہ سے قائم ہے۔ مدینہ مسجد نیتاجی چوک میں واقع ہے جو خوبصورتی میں اپنی مثال آپ ہے، اس کے میناروں کو ماہ رمضان میں برقی قمقموں سے سجا کر اس کی دلآویزی کو بڑھایا جاتا ہے۔ یہاں چرچ بھی ہیں۔ سیاح بھی آتے ہیں۔ عادل آباد واٹر فالس، لکڑی سے بنے ہوئے کھلونوں اور پینٹنگس کیلئے بھی شہرت رکھتا ہے۔

حکمران عادل شاہی کے کسی بادشاہ کے نام سے موسوم عادل آباد کا قصبہ "بوتھ" میری جائے پیدائش ہے اور یہیں سے میری ابتدائی تعلیم کا آغاز ہوا۔ مدرسہ تحتانیہ تا چہارم "بوتھ" میں پڑھنے کے بعد پنجم تا دسویں جماعت عادل آباد ہائی اسکول میں زیر تعلیم رہا اور میرا ذریعہ تعلیم مرہٹی تھا۔ ۱۹۵۳ تا ۱۹۵۵ء سیف

آباد کالج سے بارہویں جماعت کامیاب کیا تو میرا ذریعہ تعلیم انگریزی تھا۔ جامعہ عثمانیہ سے زراعت میں گریجویشن کرنے کے بعد اس جامعہ میں ڈپارٹمنٹ آف اگریکلچر میں بحیثیت انسٹرکٹر کام کرتا رہا۔ میرے خاندان کے کئی افراد پیشہ وکالت سے وابستہ تھے۔ تایا آنجہانی وینکٹ راؤ اور تایازاد بھائی ونائک راؤ نے بھی قانون پاس کیا تھا۔ میرے والد رام کشن راؤ کا شمار بھی مشہور وکلاء میں ہوتا تھا۔ غرضیکہ ددھیال کے اکثر لوگ وکیل تھے۔ سو میں نے بھی ایل ایل بی کرلیا اور ملازمت سے استعفیٰ دے کر پیشہ قانون کو اختیار کیا۔ چونکہ ونائک راؤ اس میدان میں سینئر تھے، ۱۹۶۲ میں انہوں نے میرا بھرپور ساتھ دیا اور اپنے تجربات کی روشنی میں قانون اور اس کی روح کے مختلف پہلوؤں کو ظاہر کیا۔

ریاست حیدرآباد میں ۱۷۷۸ میں یعنی انیسویں صدی کے اواخر میں قانون کے امتحانات کا آغاز ہوا۔ اس سے پیشتر یہاں قانون کے پیشے کو اپنانے کیلئے قانون کی تعلیم کا حصول ضروری نہیں تھا۔ عربی، اردو اور فارسی میں مہارت کے ساتھ عقلمندی ہو تو اس مشق کو جاری رکھا جاسکتا تھا۔ نواب میر عثمان علی خان آصف سابع نے ہمیں اعلی عدالتی نظام دیا۔ اس سے قبل محکمہ مال کے عہدیدار عدالتی کام کرتے تھے۔ اول تعلقدار کا کورٹ، دوم تعلقدار کا کورٹ بھی ہوا کرتا تھا۔ محکمہ مال کے افسران کا شمار عدالتی کاموں کے ماہرین میں ہوا کرتا تھا۔ کروڑگیری کے لوگ خود ساختہ عدالتیں چلاتے تھے۔ پولیس پٹیل حتی کہ گاؤں کی سطح کے عہدیدار کو بھی عدالتی اختیارات حاصل تھے۔ جرمانے کے علاوہ چار روز کی سزائے قید سنانے کا اختیار بھی انہیں حاصل تھا۔ ان حالات میں انصاف رسانی میں درپیش مسائل کا

اعلی حضرت کو شدید احساس ہوا۔ انہوں نے عدالتی نظام اور اختیار کو مذکورہ شعبوں سے علاحدہ کیا اور ہر تعلقہ میں منصف، ہر صوبے میں ایک سیشن جج کا اعلان کر کے عدالتی نظام میں شفافیت کو یقینی بنایا اور عام آدمی تک انصاف رسائی کیلئے مناسب اقدامات کئے۔ نواب میر عثمان علی خان نے ریاست کے تمام سرکاری اداروں اور محکموں کو غیر سرکاری عمارتوں سے نکالنے کی بھرپور مساعی کی اور اپنے عہد میں عمارتوں کی تعمیر کا سلسلہ شروع کیا جن میں قابل ذکر عدالت العالیہ یعنی ہائیکورٹ ہے۔ اس کا نقشہ شنکر لال نے تیار کیا تھا اور ریاست حیدرآباد کے نامی گرامی آرکیٹکٹ میر علی فاضل نے اپنی نگرانی میں اس کی تعمیر کا کام کروایا۔ ۱۹۱۵ تا ۱۹۱۹ عدالت العالیہ تعمیری مراحل سے گذری اور ۱۹۲۰ میں اعلی حضرت نے عدالت العالیہ کی نئی عمارت کی رسم افتتاح انجام دی۔ اس زمانے میں چیف جسٹس کو میر مجلس عدالت العالیہ (ہائیکورٹ) اور جج صاحبان کو رکن عدالت العالیہ (ہائیکورٹ) کہا جاتا تھا۔ اس زمانے میں لاء کالج بھی وجود میں آئے۔ عدالت العالیہ کے قیام کے بعد سالار جنگ اول کے دور میں میر مجلس یعنی چیف جسٹس کی ماہانہ تنخواہ دو ہزار روپئے تھی اور رکن عدالت العالیہ یعنی جج ماہانہ پندرہ سو روپئے پر مامور تھے۔ نظام دکن نے عدالت اور اس کے ڈھانچے کی اہمیت کو واضح کیا اور منصف کو اعلی مقام دلایا اس طرح یقینی طور پر کہا جا سکتا ہے کہ اگر محمد قلی قطب شاہ دکن کا بانی ہے تو نواب میر عثمان علی خان آصف سابع اس کے معمار ہیں۔

اعلی حضرت اپنی ذاتی زندگی میں اعتدال پسند تھے۔ یہاں اس بات کا ذکر ضروری ہے کہ انہوں نے ایک دفعہ سکندرآباد کے نامی گرامی درزی کو اپنے محل

میں طلب کیا، اس کی باچھیں کھل گئیں کہ اسے ایک بڑا آرڈر ملے گا۔ اعلی حضرت نے اپنے ملازم کے ذریعہ اپنی مستعملہ شیروانیاں منگوائیں اور انہیں درست کرنے کیلئے کہا۔ ان کا لباس ان کی سادگی کا مظہر ہوا کرتا تھا۔ راجستھان، مدھیہ پردیش یا دوسری ریاستوں میں بھی راجہ مہاراجاؤں نے زندگی کی ہے۔ ان کے محلات آرائش وزیبائش کا اعلی نمونہ ہوا کرتے تھے۔ ان کے زرتار لباس پر نظریں ٹھہر جایا کرتی تھیں۔ لیکن اعلی حضرت یا ان کے آباء واجداد کی رہائش معمولی اور لباس سیدھا سادھا تھا جس سے ان کی سادگی اور دکن کی تہذیب کا اظہار ہوتا تھا۔ انہوں نے عوامی خدمات کو ترجیح دی۔ دواخانہ عثمانیہ، نظامیہ شفاخانہ یونانی، کتب خانہ آصفیہ، معظم جاہی مارکٹ، سٹی کالج، آرٹس کالج، جامعہ عثمانیہ، معظم جاہی مارکٹ اور ہائیکورٹ ان کی بنائی ہوئی عمارتیں ہیں۔ دواخانہ عثمانیہ سے ہر اعلی وادنی کو فیض مل رہا ہے۔ متذکرہ دواخانہ کیلئے انہوں نے ماہرین طب کو معقول مشاہروں پر مقرر کیا۔ عثمانیہ دواخانہ کے سیول سرجن سریدھر اچاری موظف میرے دوست ہیں۔ قلب کے مریض ہیں۔ ان کا ایقان عثمانیہ دواخانہ پر آج بھی ہے۔ قدیم حیدرآباد میں تو مریض کو اس کے متعلقین دواخانہ عثمانیہ ہی سے رجوع کرنے میں فخر محسوس کرتے تھے۔ نظام انسٹی ٹیوٹ آف میڈیکل سائنس اعلی حضرت کی دوراندیشی کا ثبوت ہے۔ حصول علم میں مانع رکاوٹوں کو دور کرنے میں اعلی حضرت نے نمایاں رول ادا کیا۔

ہمارے طالب علمی کے زمانے میں اساتذہ کا حال ذرا مختلف تھا۔ آج ہونہار طلباء پر خصوصی توجہ دے کر انہیں میرٹ میں لانے اور اپنا ریکارڈ بنا کر خود کو نمایاں

کرنے کی کوشش کی جاتی ہے۔ اس کے برخلاف ماضی میں ہمارے اساتذہ کمزور طلباء پر بھی توجہ دیا کرتے تھے بلکہ وہی مرکز نگاہ ہوتے تھے جس سے بچوں میں احساس طمانیت پیدا ہوتا اور وہ جلد ہی ہونہار طلباء کی صف میں شامل ہو جاتے تھے۔ جامعہ میں تو اساتذہ کی نظر نہ صرف تعلیم پر بلکہ اپنے شاگرد کے نجی مسائل پر بھی ہوا کرتی تھی۔ زراعت کی تعلیم کے زمانے میں ایک طالبعلم کے پاس امتحان کی فیس ادا کرنے کیلئے روپئے نہیں تھے اور آخری تاریخ تھی اس نے سپرنٹنڈنٹ سے دودن کی مہلت مانگی۔ متعلقہ آفیسر نے مہلت دینے سے انکار کرتے ہوئے کہا کہ یہ اس کے ہاتھ میں نہیں ہے۔ اگریکلچر کالج کے پرنسپل پروفیسر حسین علی رضوی کا وہاں سے گزر ہوا۔ انہوں نے ساری باتیں سن لی تھیں۔ انہوں نے فوراً طالب علم کو اپنے دفتر میں طلب کیا اور اس کے ہاتھ میں رقم تھماتے ہوئے کہا کہ فوراً فیس ادا کر دے۔ یہ ہے قدیم حیدرآباد اور اس کا منور پہلو۔

بارہویں جماعت کی بابت کہوں تو ڈاکٹر احسن کی یاد آتی ہے۔ وہ انگریزی کے استاد تھے۔ درس دینے کا ان کا مخصوص انداز تھا۔ وہ اس بات سے بخوبی واقف تھے کہ جو طلباء مادری زبان کو چھوڑ کر انگریزی ذریعہ تعلیم کو اپناتے ہیں وہ کس قدر خوفزدہ ہوتے ہیں مگر ڈاکٹر احسن نے ہمارے دلوں سے اس خوف کو نکالا۔ اس کا نتیجہ یہ ہوا کہ بارہویں کے بعد اگریکلچر کالج میں داخلہ لیا تو میں اعتماد کے ساتھ انگریزی کا انتخاب کر سکا۔ اگر آج مجھے انگریزی پر مہارت حاصل ہے تو وہ میرے استاد ہی کی مرہون منت ہے۔

عادل آباد کے اردو ماحول کا اثر اور اساتذہ کی دلچسپی ہی کی وجہ سے مجھے اردو

سے اچھی واقفیت ہے۔ باوجود اس کے کہ میری ابتدائی تعلیم مرہٹی زبان میں ہوئی ہے۔ میرے استاد عالم خوندمیری کا رول میری تربیت میں اہم رہا۔ وہ مجھ سے روزنامہ "پیام" کی سرخیاں پڑھواتے تھے۔ مرحوم اختر حسن اس کے مدیر تھے جو کمیونسٹ لیڈر بھی تھے۔ بعد میں روزنامہ "سیاست" مشہور ہو گیا تب سے آج تک دوسرے اخبارات کے ساتھ "سیاست" بھی پڑھتا ہوں۔

قدیم حیدرآباد میں ایک دوسرے کی خبر گیری کا خوش آیند جذبہ پایا جاتا تھا۔ یوں ہوا کہ میرا تبادلہ اچانک ہی محبوب نگر کر دیا گیا اور اچانک ہی میں روانہ ہو گیا۔ میرا یہ قیاس تھا کہ حیدرآباد تا محبوب نگر زیادہ فاصلہ تو ہے نہیں، روز آمد و رفت میں دشواری نہیں ہو گی مگر ڈسٹرکٹ اگریکلچر آفیسر کے سکریٹری نے اس پر پابندی لگا دی۔ اور مستقل محبوب نگر میں قیام کرنے کو کہا۔ رہائش اور طعام کا مسئلہ در پیش تھا۔ میں سرگرداں پھرتا رہا، اخراجات کا متحمل نہیں ہو سکتا تھا۔ ڈسٹرکٹ اگریکلچر عہدیدار کے ماتحت یعقوب صاحب کو اس بات کی بھنک پڑی تو وہ خود ہی مجھ سے رجوع ہوئے اور کہا کہ آپ خواہ مخواہ ہی ہراساں ہو رہے ہیں، میرے ساتھ چلئے۔ اور یہی ہوا۔ انہوں نے میرے لئے درد کا درمان فراہم کر دیا یعنی کھانا اور گھر دونوں مفت۔ ہماری ریاست میں اب یہ جذبات عنقا ہو گئے ہیں۔

عدالت کے اندر بھی اور باہر بھی میرے کئی رفقاء رہے۔ پروفیسر شیوراج اگریکلچر کے شعبہ میں ساتھ رہے آج تک ان سے یارانہ ہے اور آنا جانا بھی۔ ایچ ایم حسینی بھی اسی زمانے کے ساتھی ہیں جو اسوسی ایٹ پروفیسر کی حیثیت سے سبکدوش ہوئے۔ رمضان حسین موسوی اور شیام سندر نائیڈو بھی میرے دوست ہیں۔ جسٹس

سردار علی خان میرے سینئر تھے۔ وہ ہائیکورٹ جج تھے اور میں ڈسٹرکٹ جج۔ وہ اعلیٰ کردار کے مالک تھے، بعض اہم امور پر میں نے ان سے مشاورت بھی کی تھی اور انہوں نے فراخدلی کا ثبوت دیا تھا۔

ہمارے ہاں صنعتی علاقوں کو شہر سے دور آباد کیا گیا تھا تا کہ صنعتوں کے مضر اثرات سے آبادیاں متاثر نہ ہوں مگر حیدرآباد کی توسیع میں سارے صنعتی علاقے آبادیوں میں گھر گئے جس کی وجہ سے انسان کی زندگی کو خطرات لاحق ہیں۔ صنعت نگر، جیڈی میٹلہ، بالا نگر، شاپُر نگر، راجندر نگر، رانی گنج اور فتح نگر سے متصل آبادیاں غیر محفوظ ہیں اور کسی ٹھوس لائحہ عمل کو اپنانے کی ضرورت ہے۔ اعلیٰ حضرت کے دور کے بڑے بڑے صنعتی کارخانے مسدود ہو گئے ہیں اور جو باقی ہیں ان میں ملازمین کی قابل لحاظ تعداد کو گھٹا دیا گیا ہے۔ بودھن شوگر فیکٹری کو بھی بند کرنے کی کوششیں جاری ہیں۔ ٹیلی ویژن، ماڈرن تھیٹر، ملٹی اسکرین تھیٹروں کی وجہ سے پرانے سنیما گھروں کی جگہ شاپنگ مال نظر آ رہے ہیں۔ بشیر باغ میں لبرٹی، سلطان بازار میں "رائل" اور "دلشاد ٹاکیز" جام باغ میں اشوک ٹاکیز، کاچی گوڑہ میں پربھات تھیٹر، نئے پل کی اسٹیٹ ٹاکیز اب بند پڑے ہیں۔ ہم وہاں سنیما دیکھا کرتے تھے۔

پولیس ایکشن سے پہلے عادل آباد میں کوئی فرقہ وارانہ فساد نہیں ہوا تھا، تمام مذاہب کے لوگ آپس میں شیر و شکر کی طرح رہا کرتے تھے لیکن پولیس ایکشن کے بعد یہاں کی فضا کو عمداً خراب کیا گیا۔ عثمان آباد، بیدر، لاتور اور کرناٹک کے نقصانات کا صحیح اندازہ لگانا مشکل ہے۔ ۱۷ ستمبر کو حیدرآباد کی آزادی کا دن قرار دینا

بھی غلط ہے۔ آزادی کا مطلب غیر ملکی حکمرانوں سے نجات پانا ہے۔ اعلی حضرت غیر ملکی حکمران نہیں تھے۔

حیدرآباد میں بہت سی عمارتیں ایسی ہیں جن سے گنگا جمنی تہذیب جھلکتی ہے۔ نوبت پہاڑ کی بلندی پر کشش ہے۔ چار مینار اور گولکنڈہ کی تاریخی اہمیت سے انکار نہیں کیا جاسکتا۔ باغ عامہ، حسین ساگر دکن کی میراث ہیں۔ کنگ کوٹھی سے اعلی حضرت کو خاص سروکار تھا۔ امراء، شاہی مہمان اور اعلی عہدیدار اس کوٹھی میں توقف کرتے تھے جو اکیس ایکڑ کے رقبے پر پھیلی ہوئی ہے۔ بیگم بازار ہول سیل مارکٹ کیلئے آج بھی شہرت رکھتا ہے۔ لاڑ بازار سنگھار کے سامان کیلئے فی زمانہ مشہور ہے اور ادھر کا رخ کرے بغیر شادی کا تصور ہی نہیں کیا جاسکتا۔ سلطان بازار اوسط طبقے کیلئے مختص تھا تو عابد شاپ متمول لوگوں کیلئے خاص تھا۔

سلطان بازار سے متعلق یہ خبر گرم تھی کہ میٹرو ریل کے سلسلے میں جاری کھدائی میں اسے بھی منہدم کر دیا جائے گا مگر ریاستی وزیر اعلی نے اس کے تحفظ کا تیقن دیا ہے۔ یہ وہ تاریخی بازار ہے جہاں حیدرآباد کے علاوہ اضلاع سے لوگ خریداری کیلئے آج بھی آتے ہیں۔ ہائی ٹیک سٹی آج کی پیداوار ہے۔

بنجارہ ہلز کی آبادی گنجان ہوگئی۔ اور پہاڑ او جھل ہوگئے ہیں۔ وہاں ایک تالاب ہوتا تھا۔ ہولی کھیلنے کے بعد ہم نہانے کیلئے اس تالاب کو جایا کرتے تھے اب وہ گم ہو گیا ہے۔ جام باغ، موسی رام باغ، کشن باغ، عزیز باغ اور سیتارام باغ کی تاریخ سے نئی نسل واقف نہیں ہے۔

میرے کرم فرما حسن الدین احمد ان دنوں عزیز باغ ہی میں رہتے ہیں۔ ان

سے کچھ سیکھنے اور ان کا آشیرواد لینے کیلئے میں عزیز باغ جاتا ہوں۔

ہمارے دور طالب علمی میں سیاستداں عوام کے حقیقی خادم ہوا کرتے تھے۔ لوگوں کو اکٹھا کر کے مختلف موضوعات پر خطابات اور تقاریر کے ذریعہ شعور بیدار کرنے کی کوششیں کرتے تھے۔ آج کی صورتحال مختلف ہے۔

آنجہانی انباراؤ دیشپانڈے میرے بڑے بھائی تھے اردو ان کا اوڑھنا بچھونا تھی۔ آج اگر مجھے اس زبان میں تھوڑی بہت شد بُد ہے تو بھائی کی تربیت کا ہی نتیجہ ہے۔ کسی بات یا واقعہ کو بیان کرنے کا ان کا اپنا دلچسپ انداز تھا جو دلوں کو بھاتا تھا۔ وہ گاؤں جاتے تو گھر کے تمام افراد کو ان کی واپسی کا انتظار رہتا تھا۔ تجربات، واقعات کو بیان کرنے کا ڈھنگ اور سلیقہ ہماری تربیت میں بڑا ہی معاون رہا۔ وہ اصول کے پکے تھے، اور کل کے حیدرآباد کی تمام خوبیاں ان کی شخصیت میں رچی ہوئی تھیں۔ ان کی طبیعت میں ضد تھی اور حق بات کہنے میں انہیں ذرا بھی تامل نہیں ہوتا تھا۔ پیشہ تدریس سے وابستہ تھے۔ میرے بھائی کے سینکڑوں مضامین روزنامہ "سیاست" میں شائع ہوتے تھے بلکہ سیاست نے بہت سارے غیر اردو داں حضرات کی اردو درست کی ہے۔

ماضی میں عدالتی محکمہ میں شفافیت ہوتی تھی لیکن ان دنوں کچھ باتیں گشت کر رہی ہیں کہ اضلاع کے عدالتی نظام میں خرابیاں آگئی ہیں۔ کیس طول پکڑنے اور جلد فیصلوں کی یکسوئی نہ ہونے کی وجہ ججس کی کاہلی ہو سکتی ہے۔ پورا وقت کیس کو نپٹانے میں نہ گذار کر اپنے ذاتی کاموں میں الجھنے سے اصل کام پیچھے رہ جاتے ہیں۔ کیس تعطل کا شکار ہونے کی دوسری وجہ ہمارے ہاں کورٹ کی تعداد کم ہے اور

کیسوں کی تعداد بڑھ گئی ہے۔ "حیدرآباد جو کل تھا" کے موضوع پر بات کرتے ہوئے میرا پیغام یہی ہے کہ اپنی تہذیب، اپنا کلچر اور اپنی معاشرتی زندگی کو یاد رکھیں۔ اسلاف کے نقوش کو یاد رکھیں تو حیدرآباد کل سے بہتر آج ہو گا۔

***

۱۰

پروفیسر ایم وی نائیڈو: اردو زبان ادب کے پرستار

عابد صدیقی

پروفیسر ایم وی نائیڈو ایک ممتاز عثمانین، دانشور اور سماجی جہد کار ہیں۔ حیدرآبادی تہذیب کے علمبردار اور اردو زبان ادب کے پرستار ہیں۔ ۱۹۶۵ سے امریکہ اور کینیڈا میں مقیم ہیں۔ جواہر لال نہرو یونیورسٹی، دہلی، امریکہ کی منی سوٹا یونیورسٹی، کینڈا کی یونیورسٹی آف برٹش کولمبیا کے علاوہ دیگر یونیورسٹیوں میں تدریس کا ۲۵ سالہ تجربہ رکھتے ہیں۔ ۳۰ سے زائد ملکوں میں انھوں نے سیاسیات، قانون اور عصری عالمی مسائل پر اپنے تحقیقی و تنقیدی مقالات پیش کئے۔ مہاتما گاندھی کے نظریات اور ان کے فلسفہ حیات پر بھی انھوں نے تحقیقی کام کیا۔ ان کی کئی کتابیں شائع ہو چکی ہیں جن کی ہندوستان، یوروپ، امریکہ اور کینیڈا میں کافی پذیرائی ہوئی۔ حیات کے اس طویل سفر کو طے کرنے کے بعد بھی پروفیسر نائیڈو کے چہرے اور گفتگو میں تھکن کے آثار دکھائی نہیں دیتے۔ انھوں نے کہا کہ حیدرآباد ان کے لئے ہر مقام پر سرچشمہ وجدان بنا رہا۔ سورج مشرق سے ابھرتا ہے اور اس کی روشنی ساری کائنات میں پھیل جاتی ہے لیکن اس کا اصل مبدا تو مشرق ہی

ہے۔ اس طرح وہ جہاں بھی گئے انھوں نے خود کو ہندوستانی اور حیدرآبادی کی حیثیت سے پیش کیا۔ انھیں اپنے حیدرآبادی ہونے پر ہمیشہ فخر رہ۔

گزشتہ ماہ پروفیسر ایم وی نائیڈو اپنی اہلیہ پریما نائیڈو کے ہمراہ کینیڈا سے حیدرآباد تشریف لائے۔ اپنے قیام کے دوران وہ دفتر سیاست بھی آئے۔ جناب ظہیر الدین علی خان مینجنگ ایڈیٹر سیاست اور پدم شری مجتبیٰ حسین سے انھوں نے ملاقات کی۔ اس موقع پر مجھے بھی ان سے ملاقات کا شرف حاصل ہوا۔ ملاقات کے دوران کافی دیر تک حیدرآباد کی باتیں، ماضی کے واقعات اس دور کی شخصیتوں کا تذکرہ رہا۔ پروفیسر نائیڈو نے اردو کے خوبصورت اشعار بھی سنائے۔ اسی وقت مجتبیٰ حسین صاحب نے مجھے مشورہ دیا کہ "حیدرآباد جو کل تھا" کے تحت میں پروفیسر نائیڈو سے انٹرویو لوں۔ میں نے پروفیسر نائیڈو سے سیاست کے اس مقبول کالم کے مقصد اور اس کی مقبولیت کا ذکر کرتے ہوئے ان سے خواہش ظاہر کی جس پر وہ راضی ہوگئے اور پھر کچھ دن بعد انٹرویو طے کرلیا گیا۔ پروفیسر ایم وی نائیڈو اور ان کی اہلیہ ٹھیٹ حیدرآبادی ہیں۔ نہایت شستہ اردو میں گفتگو کرتے ہیں تاہم ان کی آواز کم اور لہجہ مدھم سا ہوگیا ہے لیکن انداز تکلم حیدرآبادی ہے۔ یہ احساس نہیں ہوتا کہ وہ چالیس برس اس شہر سے دور رہے ہیں۔

پروفیسر نائیڈو ۱۹۲۹ میں پیدا ہوئے۔ ان کا آبائی مکان معظم جاہی مارکٹ کے قریب واقع تھا۔ ان دنوں ان کے پڑوسیوں میں سابق چیف منسٹر بی رام کرشنا راؤ، ماڈاپتی ہنمنت راؤ اور چند ایک مسلم خاندان تھے۔ ان کی ابتدائی تعلیم چادر گھاٹ ہائی اسکول میں ہوئی۔ انھوں نے نظام کالج سے بی اے اور پھر عثمانیہ یونیورسٹی سے

ایم اے (پولیٹکل سائنس) میں کیا۔ اس دور کے اساتذہ میں پی کے گھوش اور فضل الرحمن وائس پرنسپل تھے اس کے علاوہ پی وی راجگوپال، آغا حیدر حسن جیسے نامور اساتذہ تھے۔ آغا حیدر حسن اردو پڑھاتے تھے۔ بڑے شگفتہ مزاج اور پر مزاح شخص تھے ان کی وضع قطع اور لباس بڑا خاص ہوتا۔ پروفیسر صاحب کے ساتھیوں میں پروفیسر علی محمد خسرو سابق وائس چانسلر علی گڑھ یونیورسٹی، پروفیسر رشید الدین، عابد حسین، سی این رامن، آصف حسین اور کئی باصلاحیت ساتھی تھے جو بعد میں ملک گیر شہرت کے حامل ہوئے۔ نظام کالج کا مدراس یونیورسٹی سے الحاق تھا۔ تعلیم کے علاوہ زائد از نصاب سرگرمیوں کے لئے بھی کافی مشہور رہا۔ کالج سے انگریزی میں ایک رسالہ ٹارچ شائع ہوتا تھا۔ پروفیسر نائیڈو اس کے ایڈیٹر رہے۔ نظام کالج میں ان دنوں حیدرآباد کے متمول اور اعلی گھرانے سے تعلق رکھنے والے طلباء زیر تعلیم تھے۔ اکثر طلبا نہایت عمدہ لباس پہن کر کالج آتے صرف وہ اور عابد حسین کھادی کے کپڑے پہن کر سائیکل پر کالج آتے تھے۔ انھوں نے عابد حسین کی اعلی صلاحیتوں کو یاد کرتے ہوئے کہا کہ وہ بڑے اچھے مقرر اور نہایت ذہین تھے انھوں نے پاکستان کے قیام کے سلسہ میں بڑی عمدہ بات کہی تھی کہ محمد علی جناح پاکستان کی تشکیل کے ذریعہ تاریخ بنانا چاہتے تھے لیکن وہ صرف جغرافیہ تبدیل کر سکے۔ انھوں نے بتایا کہ نظام کالج کے پہلے ہندوستانی پرنسپل ڈاکٹر چٹوپادھیائے تھے جو نہایت پابند ڈسپلن اور ماہر ایڈمنسٹریٹر رہے۔ نظام کالج میں ان دنوں تقریری مقابلے مذاکرے اور علمی مباحثے ہوتے۔ شعری محفلیں ہوتیں، بعض طلباء بیت بازی میں حصہ لیتے۔ پروفیسر نائیڈو کے والد محکمہ پولیس میں امین تھے اور ان کی

والدہ کی خواہش تھی کہ ایم وی نائیڈو سیول سرویس سے وابستہ ہو جائیں۔ لیکن انھیں سیول سرویس سے دلچسپی نہیں تھی۔

پروفیسر ایم وی نائیڈو جنہوں نے عثمانیہ یونیورسٹی سے ایل ایل بی وایل ایل ایم کی ڈگری حاصل کی بتایا کہ جن دنوں وہ لاء کالج میں پڑھا کرتے تھے ان کے پرنسپل ممتاز دانشور و ماہر تعلیم پروفیسر وحید اللہ خان تھے وہ نہایت ہی قابل اور شریف النفس شخصیت کے حامل تھے۔ ان کا مضمون "مسلم لاء" تھا اس لئے وحید اللہ خان انھیں بعض علمائے کرام اور مفتیاں سے انھیں متعارف کرواتے تھے چنانچہ ایک بار حیدرآباد کے ایک مفتی وعالم دین سے ایم وی نائیڈو کی ملاقات کروائی گئی۔ عالم دین نے رمضان کے روزے کی روحانی اہمیت کا ذکر کیا جس پر پروفیسر نائیڈو نے کہا کہ پیغمبر اسلام حضرت محمدؐ ایک عظیم پیغمبر ہونے کے ساتھ ساتھ ماہر معاشیات بھی تھے چنانچہ روزہ نہ صرف انسان کے نفس کی تربیت کرتا ہے بلکہ اس کے ذریعہ بھوکوں وناقہ کشوں کی مجبوریوں کا احساس بھی پیدا ہوتا ہے، پیغمبر اسلام نے رمضان میں زکوٰۃ کی اہمیت واضح کی وہ بھی معاشیات کا ایک روشن پہلو ہے کہ ہم اللہ کی عبادت کے ساتھ ساتھ مخلوق کی ضرورتوں کی تکمیل کریں۔ پروفیسر نائیڈو نے کہا کہ ریگستانی علاقوں میں بسنے والے مسلمانوں کی دشواریوں اور پانی کے میسر نہ ہونے پر اسلام نے تیمم کا مشورہ دیا ہے۔ اس سے بھی انسانی ہمدردی کے وسیع تصور کا احساس ہوتا ہے جس پر عالم دین نے ان کی خوب ستائش کی۔ انہوں نے حیدرآباد کو قومی یکجہتی، فرقہ وارانہ ہم آہنگی کا ایک بڑا مرکز قرار دیتے ہوئے کہا کہ اس شہر میں لوگ شیر وشکر کی طرح زندگی گذارتے رہے ہیں خود ان کے خاندان کے

مسلمانوں سے گہرے مراسم رہے ہیں۔ ان کی والدہ کے پوجا کے کمرہ میں مکہ و مدینہ کی تصاویر بھی موجود رہتی تھیں۔ اولیاء اللہ کی بارگاہوں میں حاضری دینا ان کا معمول تھا۔ پروفیسر ایم وی نائیڈو نے حیدرآباد کی ملی جلی تہذیب کا ذکر کرتے ہوئے کہا کہ حیدرآباد کا محرم دنیا بھر میں مشہور رہا اور قابل ذکر بات یہ ہے کہ محرم کے تعزیئے اکثر ہندو اٹھایا کرتے تھے۔ مسلمانوں کی کوئی بھی تقریب ہو اس میں غیر مسلم اصحاب و خواتین کی بڑی تعداد شریک رہتی۔ انھوں نے حیدرآباد کی بعض اہم شخصیتوں کا ذکر کرتے ہوئے کہا کہ بیرسٹر سردار علی خان، عالم خوندمیری، فیض النساء (بیرسٹر اکبر علی خان کی دختر) اور پروفیسر حسن عسکری کے ساتھ ان کے دوستانہ تعلقات رہے۔ محترمہ فیض النساء ان کی ہم جماعت تھیں جن کے والد بیرسٹر اکبر علی خان گورنر اڑیسہ نے انھیں بھونیشور میں پناہ دی تھی۔ بیرسٹر اکبر علی خان نہایت قابل ترین، وضعدار اور سیکولر مزاج کی حامل شخصیت تھے۔ ان کے کئی مسلم دوستوں سے انہوں نے بہت ساری باتیں سیکھیں خاص طور پر اردو شاعری سے ان کی دلچسپی کا سہرا مسلم دوستوں کے سر جاتا ہے۔ انہوں نے حیدرآباد میں اپنے قیام کے دوران کچھ عرصہ تک میونسپل آفس میں پی آر او کی حیثیت سے ملازمت بھی کی اور سکندرآباد پر ایک کتاب بھی لکھی۔ جس میں انہوں نے سکندر جاہ کی عوامی خدمات کو خراج عقیدت پیش کیا۔ پروفیسر نائیڈو نے بتایا کہ ان کی اہلیہ پریما نائیڈو ایک بہترین رفیق کار ہے جو ان کی علمی سرگرمیوں میں ان کی ہمیشہ حوصلہ افزائی کرتی رہتی ہیں۔ ایم وی نائیڈو کی کامیابیوں کے پس پردہ پریما کا پریم اور ان کی خدمت ہے۔ ان کی اب تک ۱۵ کتابیں شائع ہو کر منظر عام پر آئی ہیں جن کی

یوروپی ممالک کے ساتھ ساتھ ہندوستان میں بھی کافی پذیرائی ہوئی۔ انہوں نے بتایا کہ ان کی صرف ایک ہی لڑکی ہے جو سکھ سے بیاہی گئی ہے۔ انہوں نے ازراہ مذاق کہا کہ انہوں نے اپنے سردار داماد سے سمجھوتہ کیا ہے کہ وہ انھیں مدراسی کہنا چھوڑ دے تو وہ انھیں سردار جی کے جوک سنانا چھوڑ دیں گے۔

انہوں نے بتایا کہ نظام کالج میں ان دنوں سروجنی نائیڈو کی بڑی شہرت تھی۔ سروجنی نائیڈو سے ان کی رشتہ داری تھی اس زمانہ میں سروجنی نائیڈو اپنی شاعرانہ صلاحیتوں اور مجاہدانہ سرگرمیوں کے باعث حیدرآباد میں کافی شہرت رکھتی تھیں۔ ان کی قیامگاہ گولڈن تھرشولڈ پر ملک کی کئی نامور شخصیتوں کا آنا جانا رہتا۔ ان کی تین لڑکیاں پدماجا نائیڈوؑ کانگریس کے دور میں گورنر رہ چکی تھیں اور نہرو خاندان سے ان کے گہرے مراسم رہے، ان کی دوسری صاحبزادی لیلا نائیڈو تھیں اس کے علاوہ ایک اور دختر مینا نائیڈو فارسی کی اسکالر تھیں۔ انہوں نے بتایا کہ سروجنی نائیڈو کا خاندان حیدرآبادی تہذیب کا نمونہ تھا۔

ایم وی نائیڈو نے کہا کہ اُن دنوں عثمانیہ یونیورسٹی میں اسٹوڈنٹس یونین نہایت فعال اور متحرک تھی، وہ خود یونیورسٹی اسٹوڈنٹس یونین کے صدر منتخب ہوئے تھے۔ یونیورسٹی کے وائس چانسلر علی یاور جنگ تھے جو انتہائی قابل ترین شخصیت کی حیثیت سے ملک بھر میں قدر کی نگاہ سے دیکھے جاتے۔ وہ طلباء میں کافی مقبول بھی رہے۔ نواب خاندان کے ہونے کے باوجود وہ عصر حاضر کے تقاضوں کو محسوس کرتے، اسٹوڈنٹس یونین کی جانب سے احتجاجی پروگرام ہوا کرتے تھے لیکن پر تشدد احتجاج سے گریز کیا جاتا، اسٹوڈنٹس یونین نظام حیدرآباد کے خلاف رامانند تیرتھ کی

زیر قیادت جاری تحریک میں شامل ہوگئی جس میں ان کے کئی ساتھیوں اور ان کی دو بہنوں کو بھی ستیہ گرہ کرنے کے الزام میں زیر حراست لے لیا گیا۔ نظام حکومت کے خلاف جدوجہد کے دوران طلباء کا ایک وفد سابق وزیر اعظم جواہر لال نہرو سے ملاقات کے لئے دہلی گیا جس میں بیرسٹر سردار علی خان بھی شامل تھے، جہاں ہم نے نہرو کے سامنے اپنے موقف کا اظہار کیا۔ اس وقت انہوں نے محسوس کیا کہ جواہر لعل نہرو کے دل میں نظام حیدرآباد کے لئے نرم گوشہ تھا جبکہ سردار پٹیل آزاد ریاست حیدرآباد کے سخت ترین مخالف تھے، ایم وی نائیڈو نے بتایا کہ سوائے حیدرآباد و کشمیر کے ملک کی تمام ۶۰۰ ریاستیں ہندوستان میں انضمام کی حامی تھیں، حیدرآباد ریاست کے موقف کے بارے میں تین نقطہ نظر پیش کئے گئے تھے جن میں ایک پاکستان میں انضمام، دوسرا آزاد ریاست حیدرآباد اور تیسرا ہندوستان میں شامل ہونے کا حامی تھا۔ نظام حیدرآباد خود آزاد مملکت چاہتے تھے، حیدرآباد کے مسئلے پر ممبئی میں کنونشن منعقد کیا گیا جس میں جواہر لعل نہرو، جے پرکاش نارائن، رابندر ناتھ ٹیگور اور حیدرآباد اسٹوڈنٹس یونین کے قائدین نے بھی شرکت کی۔ حیدرآباد واپس ہونے کے بعد اسٹوڈنٹس یونین کے کئی قائدین کو گرفتار کر لیا گیا اور ایم وی نائیڈو کو کئی مہینوں تک روپوش ہونا پڑا، اس وقت ان کے دوست اور نامور ادیب و صحافی ابراہیم جلیس نے انھیں پناہ دی تھی۔ ان کے خلوص اور بے لوث محبت کو وہ کبھی فراموش نہیں کر سکتے۔ ابراہیم جلیس ان کے خاص دوست رہے ابتداء میں تو وہ نظام حکومت کے مخالف رہے لیکن بعد میں قاسم رضوی کے زیر اثر آزاد حیدرآباد کے حامیوں میں شامل ہوگئے۔ انجمن ترقی پسند مصنفین جو کمیونسٹوں

کے زیر اثر تھی وہ بھی آزاد حیدرآباد کی تحریک میں حصہ لینے لگی۔ ابراہیم جلیس، اختر حسن اور کئی مارکسٹس، ادیب، صحافی و شاعروں نے خود کو مخالف نظام تحریک سے الگ کرلیا۔ ریاستی کانگریس پارٹی کے قائدین رامانند تیرتھ کے زیر اثر تحریک میں ایک ایک کر کے شامل ہو گئے۔ جن میں بی رام کرشناراؤ، این کے راؤ، ماڈاپتی رامچندر راؤ، رعّیت کے ایڈیٹر نرسنگ راؤ اور دیگر کئی قائدین نے عوام میں نظام حکومت کے خلاف مخالفانہ جذبات کی حوصلہ افزائی کی۔ ان دنوں سابق وزیر اعظم پی وی نرسمہاراؤ رامانند تیرتھ کے پاس منشی کی حیثیت سے کام کیا کرتے تھے۔

پروفیسر ایم وی نائیڈو نے پولیس ایکشن کی یادوں کو تازہ کرتے ہوئے کہا کہ حیدرآباد، مرہٹواڑہ اور کرناٹک کے بعض علاقوں میں جو مظالم ہوئے ہیں وہ نہایت افسوسناک رہے، پولیس ایکشن کے باعث نہ صرف مسلمانوں کو جانی ومالی نقصان ہوا بلکہ کئی علاقوں میں تو ہندوؤں کے ساتھ بھی ظلم و زیادتیاں کی گئی، مجھے اس بات کا دکھ ہے کہ پولیس ایکشن کے بعد بھی حیدرآباد کی مسلم قیادت نے مسلمانوں کو "شاہ عثمان زندہ باد" اور "حیدرآباد پائندہ باد" کی خوش فہمیوں کے حصار میں بند رکھا۔ ان میں خود اعتمادی، خود انحصاری اور ترقی کی امنگ پیدا کرنے میں مسلم قیادت نے کچھ نہیں کیا۔ رضاکاروں نے حیدرآباد کے مسلمانوں میں ڈر و خوف کے ساتھ ساتھ حکومت ہند کے خلاف نفرت کے جذبات پیدا کئے۔ جس سے دوسرے طبقات کے مقابلہ میں مسلمانوں کو کافی نقصان اٹھانا پڑا۔ قاسم رضوی، لائق علی خان، ابراہیم جلیس کے علاوہ کئی قائدین پاکستان چلے گئے کیونکہ ان کے پیش نظر مسلمانوں کا مفاد نہیں بلکہ صرف حضور نظام کی حکمرانی کا تحفظ تھا۔

ایم وی نائیڈو نے کہا کہ حیدرآباد کی تاریخ میں دوسرا بدترین سانحہ، آندھرا پردیش کی تشکیل کا رہا، لسانی بنیادوں پر ریاستوں کی تشکیل سے مقامی عوام کے مفادات شدید مجروح ہوئے خود تلنگانہ کے عوام کو تعلیم، روزگار اور دیگر مراعات سے محروم کردیا گیا۔ ۱۹۵۶ سے قبل آندھرا، مدراس میں شامل تھا، جہاں پر ان کے ساتھ دوسرے درجہ کے شہریوں جیسا سلوک کیا جاتا، جس کا انتقام اجنہوں نے تلنگانہ کے عوام سے لیا۔ ایم وی نائیڈو نے کہا کہ تلنگانہ میں ہمیشہ اردو کا چلن تھا اور تلنگانہ عوام پر حیدرآبادی تہذیب و ثقافت کی گہری چھاپ رہی لیکن آندھرا کے حکمرانوں نے نہ صرف حیدرآبادی تہذیب وشناخت کو نقصان پہنچایا بلکہ زندگی کے تمام شعبوں میں تلنگانہ عوام بالخصوص مسلمانوں کے مفادات کو پامال کیا۔ انہوں نے علحدہ تلنگانہ ریاست کے قیام کا خیر مقدم کرتے ہوئے کہا کہ وہ خود بھی علحدہ تلنگانہ کے کٹر حامی رہے۔

ایک طویل عرصہ امریکہ میں گذارنے کے بعد پروفیسر نائیڈو حیدرآباد آئے ہیں تو انھیں اس بات کا افسوس ہوا کہ یہ خوبصورت شہر انتہائی گنجان ہو چکا ہے۔ حیدرآباد سے زیادہ دوسرے شہروں کے لوگ بس گئے ہیں جس سے شہری مسائل میں اضافہ ہی ہوا ہے۔ آلودگی بڑھ گئی ہے، کاروں کی تعداد میں اضافہ ہوا ہے، سڑکوں پر گھنٹوں ٹریفک جام رہ رہی ہے۔ پارکنگ کا مسئلہ بھی تشویش ناک حد اختیار کر گیا ہے، حکومت کو ان مسائل پر توجہ دینے کی ضرورت ہے۔ عوامی ٹرانسپورٹ نظام کو زیادہ موثر بنانا چاہیئے، شہری زندگی کی کئی خامیوں نے حیدرآباد کو بھی اپنی لپیٹ میں لے لیا ہے۔ وقت کی کمی اور روزگار کے حصول کی دوڑ سے انسانی تعلقات

کا پنپنا مشکل ہوتا جارہا ہے۔ ماضی کا حیدرآباد صرف یادوں میں بس گیا ہے اور نیا حیدرآباد Urbanization کا شکار ہو گیا ہے۔ زندگی کے ہر شعبہ میں کاروباری انداز فکر زیادہ ہوتا جارہا ہے۔ ان کی خواہش ہے کہ اس ظاہری تبدیلی کے ساتھ ساتھ حیدرآبادی عوام اپنی گم گشتہ تہذیب کی بازیافت کریں تاکہ حیدرآباد کی روح کو زندہ رکھا جاسکے۔ انھوں نے کہا کہ دنیا کے سارے شہروں میں ایک حیدرآبادی کو پہچاننا زیادہ مشکل نہیں ہے۔ حیدرآبادیوں نے نہ صرف ایشیا بلکہ یوروپ، امریکہ بلکہ افریقہ کے کئی ملکوں میں اپنی شناخت بنائی ہے۔ محبت اور محنت، حیدرآبادیوں کی پہچان ہے۔ دیگر شہروں کے لوگ صرف محنت سے مقام بناتے ہیں لیکن ایک حیدرآبادی محنت کے ساتھ ساتھ محبت و شرافت سے دلوں میں جگہ بناتا ہے۔ در اصل یہ خصوصیات حیدرآبادیوں کو ورثہ میں ملی ہیں۔ امید کہ نئی نسل اس وراثت کو نسل در نسل جاری رکھنے کی سعی کرتی رہے گی۔

***

۱۱

کیپٹن ایل پانڈورنگاریڈی:
علیحدہ تلنگانہ کے زبردست حامی

عابد صدیقی

حیدرآبادی تہذیب کے زیر اثر جن شخصیتوں نے اپنی اعلی صلاحیتوں اور نمایاں کارناموں کے ذریعہ شہرت و مقبولیت حاصل کی ان میں کیپٹن ایل پانڈو رنگاریڈی بھی نمایاں حیثیت رکھتے ہیں، وہ تعلقہ جنگاؤں، ضلع ورنگل کے بنرو ملا گاؤں میں ۱۸اپریل ۱۹۴۳ء کو پیدا ہوئے۔ ابتدائی تعلیم جنگاؤں میں ہوئی، عثمانیہ یونیورسٹی سے گریجویشن کی تکمیل کی اور پھر اسی یونیورسٹی سے تاریخ میں ایم اے کیا۔ گریجویشن کے بعد فوج میں شامل ہو گئے۔ ان کے دادا لکشماریڈی بھی فوج میں تھے اور والد کی خواہش تھی کہ پانڈورنگاریڈی بھی فوج میں شامل ہو کر مادر وطن کی خدمت کریں۔ فوج میں ترقی کرتے ہوئے کیپٹن کے عہدے پر فائز ہوئے۔

انھیں ۱۹۶۵اور ۱۹۷۱میں ہند پاک جنگ میں اپنی شجاعت و بہادری کے جوہر دکھانے کا موقع ملا۔ ۱۹۶۹ء کے تلنگانہ ایجی ٹیشن کے وقت وہ فوج میں گورکھا

رائفلس کی قیادت کر رہے تھے۔ اسی زمانہ میں پانڈورنگا ریڈی علحدہ تلنگانہ ریاست کے زبردست حامی بن گئے۔ ایم اے ہسٹری میں ان کی امتیازی کامیابی پر انھیں گولڈ میڈل عطا کیا گیا اور پھر وہ انملائی یونیورسٹی سے ایم فل کی ڈگری فرسٹ کلاس کے ساتھ حاصل کی۔

وہ نظام حیدرآباد کی حکمرانی سے اس قدر متاثر رہے کہ انہوں نے اپنا مقالہ بھی پولیس ایکشن کے پس پردہ محرکات اور ریاست حیدرآباد پر تحریر کیا، چنانچہ انہوں نے ان حالات سے متاثر ہو کر ریاستوں کی تنظیم جدید آندھرا پردیش کے تناظر میں پی ایچ ڈی کے لئے مقالہ لکھا۔ شعبہ تاریخ عثمانیہ یونیوسٹی نے انھیں پی ایچ ڈی کی ڈگری دینے کی سفارش بھی کی اور یونیورسٹی کے ۷۹ ویں جلسہ تقسیم اسناد میں انھیں پی ایچ ڈی ڈگری لینے کے لئے نام کا اعلان کیا گیا۔ لیکن پانڈورنگا ریڈی نے علحدہ تلنگانہ ریاست کی عدم تکمیل پر بطور احتجاج ڈگری لینے سے انکار کر دیا وہ شہ نشین تک آئے اور انہوں نے کانوکیشن کے پُر ہجوم جلسہ میں جئے تلنگانہ کا نعرہ لگاتے ہوئے یہ اعلان کیا کہ وہ تب تک پی ایچ ڈی کی ڈگری قبول نہ کریں گے جب تک کہ علحدہ تلنگانہ ریاست تشکیل نہ پائے۔ انہوں نے عثمانیہ یونیورسٹی کے لوگو پر قرآنی آیت کے حذف کرنے پر بھی شدید احتجاج کیا تھا اور اس طرز عمل کو نظام حیدرآباد کے خلاف غداری سے تعبیر کیا۔

ان کی ایک اور کتاب "The Rape of Hyderabad" اشاعت کے مرحلہ میں ہے۔ حیدرآباد کے تاریخی پس منظر کا ذکر کرتے ہوئے انہوں نے بتایا کہ ریاست حیدرآباد کے جملہ ۱۶ اضلاع تھے جن میں تلنگانہ کے ۸، مرہٹواڑہ کے ۵ اور

کرناٹک کے ۳ ضلع شامل تھے۔ ریاست حیدرآباد کو ملک کی ۱۶ ریاستوں میں اولین اہمیت حاصل رہی۔ یہ ریاست میر عثمان علی خان آصف سابع کے دور میں ایک مستحکم اور کامیاب ریاست رہی، یہ ایک خود مختار سلطنت تھی، آصف سابع نے اگست ۱۹۴۷ میں یہ اعلان کیا تھا کہ جس طرح ہندوستان و پاکستان آزاد و خود مختار مملکتیں ہیں اسی طرح حیدرآباد بھی ایک آزاد و خود مختار مملکت رہے جو کسی بھی ڈومنین میں شرکت نہیں کرے گا۔ اس اعلان آزادی کے بعد حکومت ہند کی جانب سے سازشوں اور ریشہ دوانیوں کا سلسلہ شروع ہوا کیونکہ حکومت چاہتی تھی کہ ریاست حیدرآباد کو انڈین یونین میں شامل کر لیا جائے۔

حالانکہ اس وقت تک نظام نے حکومت ہند سے یہ معاہدہ کر لیا تھا کہ خارجی امور، دفاع اور مواصلات حکومت ہند کے تحت رہیں گے اور ریاست حیدرآباد کی خود مختاری کو بھی برقرار رکھا جائے گا۔ پانڈورنگاریڈی نے بتایا کہ اسی زمانے میں حکومت ہند نے کے۔ ایم۔ منشی کو ایجنٹ جنرل مقرر کیا۔ انہوں نے اس الزام کو غلط ٹھہرایا کہ پولیس ایکشن کے ذمہ دار رضاکار ہیں جن کی قیادت جناب قاسم رضوی کر رہے تھے بلکہ تاریخ گواہ ہے کہ پولیس ایکشن کے اصل ذمہ دار ہندوستانی فوج، آندھرا کے کمیونسٹ، آصف سابع کے بعض غدار ملازمین اور فرقہ پرست ہندو تھے جو حکومت ہند کی ایماء پر پروپگنڈہ کر رہے تھے کہ ریاست حیدرآباد میں ہندوؤں کو بنیادی حقوق حاصل نہیں ہیں۔ انہوں نے یہ مشہور کر دیا تھا کہ مجلس اتحادالمسلمین ایک عسکری تنظیم ہے۔

پانڈورنگاریڈی نے واضح طور پر کہا کہ تاریخی حقائق اس بات کا ثبوت ہیں کہ

حیدرآباد ریاست پر پولیس ایکشن نہیں بلکہ فوجی ایکشن کیا گیا۔ بے شمار ہندوؤں کو رضاکاروں اور عرب چاؤشوں کے بھیس میں مختلف دیہاتوں کو روانہ کیا گیا اور ہندوؤں پر ظلم وزیادتی کی گئی، ہندوستانی فوج کی جانب سے سرحدی دہشت گردی کا سلسلہ دراز ہوتا رہا۔ اس وقت حکومت ہند کے وزیر داخلہ سردار پٹیل تھے جنہوں نے یہ فیصلہ کر لیا تھا کہ وہ طاقت کے بل بوتے پر آزاد مملکت کی شناخت کو ختم کر دیں گے۔ حکومت ہند کی ایماء پر پولیس اور فوج رضاکاروں کے بھیس میں زیادتیاں کرتی رہیں، اسٹیٹ کانگریس، ہندو مہاسبھا، آریہ سماج، کمیونسٹ کے علاوہ کانگریس میں موجود فرقہ پرست ذہنیت کے حامل افراد نے بھی رضاکاروں کی وردیاں پہن کر نظام حکومت کے خلاف عوام میں غم وغصہ کی لہر پیدا کر دی۔

انہوں نے حیدرآباد کے ایم رستم جی ڈائرکٹر جنرل پولیس مہاراشٹرا کی کتاب کا حوالہ دیتے ہوئے کہا کہ اس کتاب میں رستم جی نے پولیس ایکشن کے موقع پر فوج اور پولیس کے گھناؤنے رول کا انکشاف کیا ہے۔ رستم جی آج بھی موجود ہیں۔ انہوں نے کہا کہ خود نظام حکومت میں ایسے عہدیدار شامل تھے جنہوں نے انڈین یونین سے ساز باز کر کے نظام سے غداری کی تھی۔ جن میں قابل ذکر نظام کے لیفٹیننٹ جنرل العیدروس ہیں جنہوں نے ہندوستانی حکومت کے مخبر کی حیثیت سے ہمارے خفیہ رازوں سے واقف کروایا۔

انہوں نے کہا کہ فوج کی دہشت گرد کارروائیوں کے سامنے حیدرآباد کی پولیس خاموش تماشائی بنی رہی۔ انہوں نے بتایا کہ پولیس ایکشن ۱۲ ستمبر ۱۹۴۸ء کو شروع ہوا۔ حیدرآباد نے اس مسئلہ کو سیکورٹی کونسل سے رجوع کیا اور سیکورٹی

کونسل کی ایک میٹنگ ۱۷ ستمبر کو منعقد کی گئی لیکن اس سے قبل ہی نظام کو یہ اعلان کرنے پر مجبور کر دیا گیا کہ وہ اپنی ریاست کو انڈین یونین میں شامل کرنے کے لئے تیار ہیں چنانچہ اُنھیں دکن ریڈیو سے اپنی ۲۲۴ سالہ سلطنت آصفیہ کے خاتمہ کا اعلان کرنا پڑا۔

پانڈورنگا ریڈی نے بتایا کہ حیدرآباد سلاطین آصفیہ کے دور میں ہندوستان کی ملی جلی تہذیب کا ایک واحد مرکز تھا، ہندو و مسلمانوں میں رواداری، باہمی میل میلاپ، کا ایک ایسا ماحول پیدا ہوا تھا کہ جس سے صلح کل پالیسی کا تصور حقیقت بن کر ابھر آیا۔ انہوں نے بتایا کہ آصف سابع میر عثمان علی خان نے ہندو مسلمانوں کو اپنی دو آنکھوں سے موسوم کرتے ہوئے مسلمانوں کے ساتھ ساتھ ہندو طبقہ کے مفادات اور ان کے تحفظات کی نگہبانی کا فرض ادا کیا۔ عثمان علی خان نے حیدرآباد کی گنگا جمنی تہذیب کو پروان چڑھانے اور اسے مستحکم بنانے میں تاریخ ساز رول ادا کیا ہے۔ اس سے قبل نظام ششم نواب میر محبوب علی خان کی مذہبی رواداری بے مثال تھی، انہوں نے اپنا وزیر اعظم کشن پرشاد کو مقرر کیا چنانچہ ایک مرتبہ کشن پرشاد محبوب علی خان کے سامنے آئے اور ان سے کہا کہ وہ اسلام قبول کرنا چاہتے ہیں اور اس کے لئے اعلی حضرت سے اجازت کے طلبگار ہیں۔ محبوب علی خان نے ان سے کہا کہ ان کے اسلام قبول کرنے پر کوئی اعتراض نہیں ہے

لیکن وہ اپنی ریاست کا وزیر اعظم ہندو کو ہی بنانا پسند کریں گے۔ اور کشن پرشاد نے اپنے موقف کو تبدیل کر لیا۔ اس واقعہ سے سلطنت آصفیہ کے سیکولرازم پر ایقان کا اندازہ ہوتا ہے۔ انھوں نے ایک اور واقعہ سناتے ہوئے کہا کہ مکہ مسجد میں

ایک ہندو خاتون اپنی لڑکی کے ہمراہ آئیں چوکیدار کے روکنے پر اس نے بتایا کہ اس کی لڑکی کو سانپ نے کاٹ لیا تھا اور جب انہوں نے محبوب علی خان کا نام لیا تو سانپ کا زہر جاتا رہا اور اسی مسرت میں وہ بادشاہ سلامت کے حضور میں مٹھائی لے کر آئی ہے۔ محبوب علی خان نے حکومت حیدرآباد کے اخراجات پر سروجنی نائیڈو کو اعلی تعلیم کے حصول کے لئے لندن روانہ کیا تھا، عثمان علی خان کے دور میں مجاہد آزادی گوکھلے سے منسوب اسکالرشپ کا قیام عمل میں آیا جس سے کئی ہندو نوجوانوں نے استفادہ کیا۔

حیدرآباد میں ہائی کورٹ کی تعمیر کے وقت احاطہ میں ایک مندر واقع تھا لوگ سمجھ رہے تھے کہ شاید اس مندر کو وہاں سے ہٹا دیا جائے گا لیکن آصف سابع نے اس مندر کی مزید توسیع کر کے اسے احاطہ میں ہی رہنے دیا۔ اس سلسلہ میں قابل ذکر بات یہ ہے کہ حیدرآباد ہائیکورٹ کے پہلے چیف جسٹس تیج بہادر سپرو بنائے گئے۔ یہ اقدام آصف سابع کی مذہبی رواداری کا ایک بڑا ثبوت ہے۔ انہوں نے کہا کہ نظام حیدرآباد اپنی والدہ ماجدہ کا بڑا احترام کیا کرتے تھے چنانچہ روڈ ٹرانسپورٹ کارپوریشن کے نمبر پلیٹ پر جو "Z" کندہ ہے وہ ان کی والدہ زہرہ بانو کے پہلے حرف "Z" سے لکھا جاتا ہے وہ قومی یکجہتی کے علمبردار تھے۔

انہوں نے اپنی دولت فلاحی کاموں کے لئے وقف کر دی تھی، علی گڑھ مسلم یونیورسٹی کے قیام کے وقت جب سرسید احمد خان نے چندے کی اپیل کی تو نظام حیدرآباد نے ۵ لاکھ روپئے کا گرانقدر عطیہ دیا اور دوسری طرف بنارس یونیورسٹی کے قیام کے لئے انہوں نے ۱۰ لاکھ روپئے کے عطیے سے نوازا جس پر بعض امراء

نے اعتراض کیا کہ مسلم یونیورسٹی کے لئے تو ۵ لاکھ روپئے دیئے گئے اور ہندو یونیورسٹی کے لئے تو نظام نے ۱۰ لاکھ روپئے عطا کئے جس پر نظام نے کہا کہ مسلم آبادی کے مقابلے میں ہندو آبادی زیادہ ہے اسلئے انہوں نے عطیہ کی رقم کو دوگنا کر دیا ہے۔

نظام کی حب الوطنی کا ذکر کرتے ہوئے پانڈورنگاریڈی نے کہا کہ جب ۱۹۶۲ میں چین نے ہندوستان پر حملہ کیا تو اس وقت نظام حیدرآباد نے ۵ ٹن سونا حکومت ہند کو دیا حالانکہ ان کی حیثیت صرف راج پرمکھ کی تھی۔ نظام نے تمام طبقات سے محبت کی۔ مہاراشٹرا میں انہوں نے ۵۴ ایکڑ اراضی بی آر امبیڈکر ایجوکیشن سوسائٹی کو دے دی اور اس کے تحت بے شمار کالجس اورنگ آباد میں قائم ہیں۔

جناب پانڈورنگاریڈی نے کہا کہ کچھ مفاد پرست لوگ بریانی و شیروانی کو حیدرآباد کی شناخت سمجھتے ہیں حالانکہ حیدرآباد کی شناخت یہاں کی تہذیب، طرز زندگی اور حیدرآبادی عوام کے کردار سے ہے۔ انہوں نے حیدرآبادی تہذیب کے پروان چڑھنے میں آندھرائی تہذیب کو سب سے بڑی رکاوٹ قرار دیا۔ آندھرا کے لوگوں نے تو حیدرآبادی شرافت کا خوب استحصال کیا، حیدرآبادی عوام کی شرافت اور اعلی کردار کو کمزوری سمجھ کر آندھرا کے لوگوں نے ان کی اراضیات و جائیدادوں پر غیر مجاز قبضے کئے۔ حیدرآباد پر اڈلی ودوسہ کے کلچر کو مسلط کیا گیا اور وہ تمام انسانی اقدار ختم ہوگئے جو ایک تہذیب کی بقاء کے لئے ناگزیر سمجھے جاتے ہیں۔ انہوں نے حیدرآباد کی مہمان نوازی کا ذکر کرتے ہوئے کہا کہ حیدرآباد کے گھرانوں میں مہمان کی اتنی ضیافت کی جاتی کہ اسے اجنبیت کا احساس نہیں ہوتا۔

انہوں نے جذباتی انداز میں کہا کہ اب حیدرآبادی گھرانوں میں پاندان، اگالدان اور بڑے بڑے دالانوں میں کچا فرش نہیں دکھائی دیتا جس کے لئے آندھرا کے بدتہذیب لوگ ذمہ دار ہیں اور ساتھ ساتھ خود حیدرآبادیوں کو بھی اس کا ذمہ دار قرار دیا جاسکتا ہے۔ بزرگوں کا ادب اب قصہ پارینہ بن گیا ہے۔ پولیس ایکشن کے بعد مسلمانوں کی معیشت تباہ کردی گئی تھی اور پھر آندھراپردیش کی تشکیل کے بعد بھی مسلمانوں کی معیشت میں کوئی بہتری پیدا نہ ہوسکی۔ مسلم نوجوانوں کے لئے ملازمت کے دروازے بند کردیئے گئے، کئی مسلمانوں کو غربت و نکبت سے دوچار کردیا گیالیکن رفتہ رفتہ مسلم نوجوانوں نے خلیجی ملکوں کی راہ لی اور ان کے لئے روزگار کے امکانات پیدا ہوئے۔

پانڈورنگاریڈی نے نظام حیدرآباد کے کارناموں کا ذکر کرتے ہوئے کہا کہ کسی فرماں روا نے عوام سے اس قدر محبت نہیں کی جتنی کہ نظام نے کی۔ ہندوؤں کے ساتھ ساتھ سکھوں، عیسائیوں اور پارسیوں پر بھی ان کے احسانات رہے ہیں۔ انھوں نے کوئی بھید بھاؤ نہیں کیا۔

عثمانیہ یونیورسٹی کے قیام کے ذریعہ انھوں نے اتحاد و یکجہتی کی مثال قائم کی۔ عثمانیہ ہسپتال، نظامس انسٹیٹیوٹ آف میڈیکل سائنس اور بے شمار ادارے ان کے رہین منت ہیں۔ ان کی 'صلح کل' پالیسی نے انھیں تمام طبقات میں مقبول بنایا۔ آخر میں انھوں نے کہا کہ حیدرآبادی عوام نے نظام حیدرآباد عثمان علی خان کی ان روایتوں کو فراموش کردیا اور اس کا خمیازہ بھی انھیں بھگتنا پڑا۔ انھوں نے آندھرا کلچر کو حیدرآباد اور تلنگانہ کے عوام کی ترقی میں سب سے بڑی رکاوٹ قرار دیا۔ اس

کلچر نے نہ صرف ہماری تہذیبی روایات کو مجروح کیا بلکہ ہمارے اتحاد، رواداری اور اعلی اقدار کو بھی ٹھیس پہنچائی۔ انھیں یقین ہے کہ اب علحدہ تلنگانہ ریاست کی تشکیل کے بعد حیدرآباد کے وہ تہذیبی نقوش جو مدھم پڑ گئے تھے وہ پھر ایک بار ابھریں گے اور ہمارے تہذیبی ورثہ کی تجدید ہو گی۔ اسی لئے وہ علحدہ تلنگانہ ریاست کے اٹوٹ حامی رہے ہیں۔

***